未来志向の生涯学習

前田 寿紀 著

北樹出版

は　し　が　き

　1965（昭和40）年に、P.ラングラン（第Ⅰ部－2章で後述）が、生涯教育を唱えて以降、わが国において生涯教育・学習（生涯教育、生涯学習の用語と本書での使用の仕方は、第Ⅰ部－2章参照）は、様々な道を辿りながら、公的に・私的にを問わず、実態が作られてきた。この間の行政、集団、個人の努力も大きかったと思われる。

　筆者は、生涯教育・学習は、基本的には、生涯教育・学習に賛同した人たち一人ひとりの力により、その実態が作られていくような性格のものと考える。その意味で、多分に未来志向の要素をもっていると考える。

　もとより、生涯教育・学習論の出発点であったP.ラングラン自体が、賢明な考え・活動のもとに、現状を改善し未来を作っていくような未来志向の理念を強く打ち出していた。P.ラングランが抱いた理想的な姿からすれば、実はまだこれからといった感すらある。生涯教育・学習は、今後も、世界中で様々な展開があると考えられるほど、大きな可能性をもったものである。

　また、生涯教育・学習は、単なる啓発ではなく、私たちの生活や私たちが生きている社会とも大きく関わるものであるがゆえ、私たち自身のものとして実感しながら、個人・社会の改善にもつなげていける可能性をもっている。

　P.ラングランが生涯教育・学習を唱えて40年以上が経ったこのあたりで、筆者は、生涯教育・学習の原点をもう1度振り返ってみて、多くの人が、生涯教育・学習の意味を深く考えたり、進むべき方向を考えたり、問題が噴出している現代社会をよりよい状態にするべく変えていくよう立ち向かう必要があることを、今1度皆で考えたいと思うのである。その際には、イデオロギーや個人的見解・主張を乗り越えて、また行政がこれまで進めたものだけに囚われずに考えることが重要であろう。

　生涯教育・学習の実態に関しても、行政レベルからみて、公的制度を作っただけで完結するというものではない。また、個人レベルからみて、誰かが作っ

た制度にのっかったり、誰かが提供するものを消費したりするだけで完結するというものではない。公的制度であれ、生涯教育・学習に賛同した多くの人の賢明な考え方・活動の力で作られていくような状態になることが重要ではないだろうか。

　本書は、生涯学習の支援を仕事として推進する・したい人だけにとどまらず、生涯教育・学習について学びたいと思っている人々が、皆でどうしたらよいのかを考えることができるような本にしたいというスタンスで執筆した。そこには、原理的なものを追求したい、未来志向でいきたい、皆の賢明な生涯学習の力が出ているような社会の状態になってほしい、などの思いも込められている。

　以上のような考え方に基づくがゆえに、本書は、自ずとその表現の仕方もこれまでの概論書とは異なってくるかもしれない。また、以下のような状況になることは、意識して避けることにした。知識の網羅的な伝授。理論の為の理論。研究論文の寄せ集め。イデオロギーを前面に出した論の展開。数年経つと古くなるデータの多用。

　執筆にあたっては、次のようなことにも心がけた。過去を記述する場合でも、今後どうしたらよいかを考える場面を必ず作る。原理的なものを追求することに重きを置く。難しいと思われる言葉を極力排除し、意識してなるべくやさしいと思われる言葉を使用する。

　また、より学習を深めたり、より考えたりしていただく為に、★調べてみよう、★考えてみよう、★読んでみよう、★見てみよう、★行ってみよう、の欄を載せた。★読んでみようの書物は、なるべく取りかかりやすいものにした。

　本書をたたき台にして、皆でどうしたらよいのかを考えるようになっていったら幸いである。

　なお、本書を刊行するにあたり、これまでの概論書とは異なってくるかもしれないことにご理解をくださり、出版に快く導いてくださった北樹出版社長木村哲也様、編集に多くのお骨折りをしてくださった同社取締役・編集部長古屋幾子様に、心からお礼を申し上げます。

　　　平成21年盛春　　　　　　　　　　　　　　　　　　前　田　寿　紀

目　次

第Ⅰ部

第1章　通俗教育、社会教育、生涯教育・学習 …………………10
- Ⅰ．通俗教育とその周辺（10）
- Ⅱ．社会教育（10）
- Ⅲ．生涯教育・学習（13）

第2章　生涯教育・学習論の登場 ……………………………14
- Ⅰ．生涯教育・学習論（14）
- Ⅱ．生涯教育・学習の定義（16）
- Ⅲ．生涯教育と生涯学習の違い（17）

第3章　わが国の行政上の対応 ………………………………19
- Ⅰ．わが国の行政上の対応の流れ（19）
- Ⅱ．今後の公的な生涯教育・学習のゆくえ（27）

第4章　P.ラングランの生涯教育・学習論(1) ………………28

第5章　P.ラングランの生涯教育・学習論(2) ………………35

第6章　ハッチンスの「学習社会」論 ………………………40

第7章　OECDの「リカレント」教育論 ……………………47

第8章　OECDの「リカレント」教育論の本格的実現へ向けての課題 ………52
- Ⅰ．OECDの「リカレント」教育論と他の生涯教育・学習論との違い（52）
- Ⅱ．現代わが国の「リカレント」教育の受け入れの流れと現状（53）
- Ⅲ．現代わが国の「リカレント」教育の課題（56）
- Ⅳ．まとめ（61）

第9章　『生涯学習振興法』(1) ………………………………62
- Ⅰ．『生涯学習の振興のための施策の推進体制等の整備に関する法律』（平成2年6月）成立の意義（62）
- Ⅱ．『生涯学習振興法』をみる際の留意点（62）

Ⅲ．『生涯学習振興法』の条文解釈（63）

第10章　『生涯学習振興法』(2) ……………………………………68
第11章　「生涯学習推進（基本）構想」「生涯学習推進計画」 ………73
　　Ⅰ．地方公共団体における生涯学習推進の状況（73）
　　Ⅱ．「生涯学習推進計画」策定等について（75）
第12章　生涯学習審議会答申・中央教育審議会答申 ………………79
　　Ⅰ．生涯学習審議会答申「学習の成果を幅広く生かす―生涯学習成果を
　　　　生かすための方策について―」（平成11年6月）（79）
　　Ⅱ．中央教育審議会答申「新しい時代を切り拓く生涯学習の振興方策に
　　　　ついて―知の循環型社会の構築を目指して―」（平成20年2月）（85）
第13章　生涯教育・学習の歴史(1)……………………………………94
　　Ⅰ．コーヒーハウス（94）
　　Ⅱ．デンマーク国民高等学校（100）
第14章　生涯教育・学習の歴史(2)……………………………………107
　　Ⅰ．ナチス・ドイツと社会教育（107）
　　Ⅱ．反ナチス・ドイツ（112）

第Ⅱ部

第1章　生涯各期の特性と学習支援―成人期― ……………………116
　　Ⅰ．生涯における教育・学習の観点から成人期を捉える様々な見方（116）
　　Ⅱ．成人の学習の特徴（123）
第2章　生涯各期の特性と学習支援―高齢期― ……………………125
　　Ⅰ．高齢期を捉える研究（125）
　　Ⅱ．高齢期の学習支援（134）
第3章　生涯教育・学習の方法(1)―図書館、博物館利用による学習― …136
　　Ⅰ．生涯教育・学習の方法（137）
　　Ⅱ．図書館利用による学習（137）
　　Ⅲ．博物館利用による学習（141）

Ⅳ．生涯学習関係施設に対する新しいアイディア（145）

第4章　生涯教育・学習の方法(2)―大学利用による学習― ……………148
　　　Ⅰ．大学通信教育利用による学習（148）
　　　Ⅱ．夜間大学院利用による学習（149）
　　　Ⅲ．大学改革支援・学位授与機構との関わりによる学習（150）

第5章　生涯教育・学習の方法(3)―インターネット利用による学習― …152
　　　Ⅰ．インターネットについて（152）
　　　Ⅱ．インターネットの利点・可能性とリスク・危惧（154）
　　　Ⅲ．インターネット利用による学習（157）

第6章　生涯教育・学習の方法(4)―学習相談― ……………………………159
　　　Ⅰ．学習相談のあり方（159）
　　　Ⅱ．進んでいる学習相談の例（160）
　　　Ⅲ．学習相談に応じる諸外国の例（162）

第7章　社会教育機関・施設等とそこで生涯学習を支える人々(1)
　　　　　―都道府県及び市区町村教育委員会における社会教育主事―……163
　　　Ⅰ．社会教育主事について（163）
　　　Ⅱ．社会教育主事の業務について（166）

第8章　社会教育機関・施設等とそこで生涯学習を支える人々(2)
　　　　　―公民館と館長― ……………………………………………………167
　　　Ⅰ．公民館と館長について（167）
　　　Ⅱ．公民館への期待（170）

第9章　社会教育機関・施設等とそこで生涯学習を支える人々(3)
　　　　　―国立青少年交流の家・国立青少年自然の家― ………………173
　　　Ⅰ．「独立行政法人国立青少年教育振興機構」について（173）
　　　Ⅱ．国立青年の家、国立少年自然の家からの流れについて（176）
　　　Ⅲ．国立青少年交流の家、国立青少年自然の家への期待（177）

第10章　社会教育機関・施設等とそこで生涯学習を支える人々(4)
　　　　　―ボランティア等― …………………………………………………179
　　　Ⅰ．生涯学習指導者について（179）

Ⅱ．現在わが国のボランティアに対する理解（181）

第11章　生涯教育・学習によるまちづくり
　　　　　―生涯学習都市宣言第１号の掛川市― …………………184
　Ⅰ．はじめに（184）
　Ⅱ．掛川市長榛村純一と報徳（186）
　Ⅲ．市長をはじめとする人々の問題意識（187）
　Ⅳ．掛川市におけるまちづくりの実態（188）
　Ⅴ．おわりに（199）

第12章　二宮尊徳の報徳思想・報徳仕法から考察する社会づくり …203
　Ⅰ．近年の二宮尊徳・報徳をめぐる状況（203）
　Ⅱ．報徳思想・報徳仕法の重要な用語と報徳思想・報徳仕法の原理・
　　　内在論理（205）
　Ⅲ．報徳思想・報徳仕法の原理・内在論理からの現代社会の創造への
　　　示唆（209）

第13章　未来志向の生涯学習―個人からの視点― …………………211
　Ⅰ．生きること（211）
　Ⅱ．労働すること（214）
　Ⅲ．学習すること（217）
　Ⅳ．労働することと学習すること（217）
　Ⅴ．ボランティアをすること、さらに「ボランタリー・アクション」
　　　や「ボランタリー・アソシエーション」へ（218）

第14章　未来志向の生涯学習―社会からの視点― …………………224
　Ⅰ．ネットワーク社会は可能か（224）
　Ⅱ．これまでの仕組み、システムを超えねばならない大きな問題を
　　　生涯学習で（228）

第Ⅰ部

第1章
通俗教育、社会教育、生涯教育・学習

> わが国の公的な教育では、生涯教育・学習という言葉を受け入れる前には、様々な用語を使用してきました。まずは、明治時代まで遡って、通俗教育→社会教育→生涯教育・学習という用語の変遷を整理・説明してみます。

Ⅰ．通俗教育（明治16年～大正10年までの文部省官制での用語）とその周辺

　明治初期には、文部省博物局による博覧会開催、書籍館（しょじゃくかん）の設置などが行われた。明治19年、文部省学務局第三課が、「通俗教育ニ係ル事」を分掌すべきことを定めた。通俗教育とは、「俗（日常生活）に通ずる（役に立つ）ための教育」である。社会では、庶民が楽しむことができる通俗講談会、幻灯、活動写真、などが行われていた。日清戦争以降、愛国婦人会（明治34年）、報徳会（明治38年、後に中央報徳会と改称）、帝国在郷軍人会（明治43年）などの教化団体も多数設立された。大逆事件を契機に、明治44年、「通俗教育調査委員会」が設置され、思想統制に進んだこともあった。

Ⅱ．社会教育

　大正デモクラシーの背景の中、それまで使用することが控えられていた社会の用語が表に出てきて、社会教育の用語が使用されるようになった。
　大正8年、普通学務局内に社会教育を担当する第四課が設置された。大正10年、官制用語としての「社会教育」が正式採用された。ほぼ同じ頃、戦後の社会福祉の前段階となる「社会事業」の用語も正式採用されている。大正13年、

社会教育課が設置された。

　社会教育の用語は、その後も長い年月その生命力を保ってきている。戦中は、社会教育が、戦争遂行に利用されることもあった。

　戦後の昭和21年の『日本国憲法』制定、そして同22年の『教育基本法』制定の流れから、同24年に『社会教育法』が制定された。『社会教育法』上の社会教育の定義は、「学校の教育課程として行われる教育活動を除き、主として青少年及び成人に対して行われる組織的な教育活動（体育及びレクリエーションの活動を含む。）」である。特色として、控除法を用いていること、対象を明示しているが原則外（幼児、高齢者）を予想していること、などが指摘できる。

　現実の社会では、私的なものまで含めて、多くの社会教育論が台頭し、豊かな社会教育活動が展開されてきている。

　社会教育論・社会教育活動を、次の３つの観点から整理してみよう。

(1)　「社会に**ついての**教育」を行うという意味での社会教育

　これは、社会勉強的意味合いが強い。

　わが国における社会教育の英訳は、social education である。英語圏の人は、この(1)の意味に近い社会生活に適応させる教育、社会性を身につける教育などの意味に解釈する可能性が高い。しかし、社会主義（共産主義）についての教育と誤解をされる可能性もあるので、文脈に応じた英訳（例．adult education, further education）が必要になることもある。

(2)　「社会**が**教育をしてくれる」という意味での社会教育

　これは、社会の何か（大きな社会、地域社会、風土、自然、風景、機関・施設、団体、人、本、など）が、教育をしてくれるという意味での社会教育である。私たちの日常においていつでも起こりうる社会教育であるので、偶発的である。組織的・意図的な教育（その中心は学校教育）に比べ非効率的である。しかし、影響力が大きいこともある。

(3)　「社会**を**教育する」という意味での社会教育

　これは、社会を教育の客体とするという意味での社会教育である。社会を改良・改善することでよい教育環境を造りたいと願い、行動した人も多い。例え

ば、J.H.ペスタロッチは、「貧困と堕落の源泉は無教養である」と述べ、孤児たちの教育に一生を捧げた。仏教者の長谷川良信は、「教育は最善の救済であり最大の改善」と述べ、セツルメント[1]活動や、学校・施設の設立に邁進した。日露戦争後には、地方改良運動に関わる社会教育論が多数出された。

力のある個人（例．マザー・テレサ）、組織は、その影響力から社会を教育することもできる。

この意味での社会教育は、社会運動（social movement）への連動が生じる危険性もある。例えば、宣伝、扇動、洗脳、強要・強迫、等などへの連動である。また、個々人を無視する可能性もある。

上記(1)(2)(3)を個人レベルで言えば、人間は、生まれて(2)を体験し、家庭・学校・社会等で(1)により学び、力をつけたら(3)を実践することができるようにな

Column 1

社会教育的・生涯教育的な教育の起源

「社会教育的・生涯教育的な教育」を、ここでは、「学校教育だけに囚われない、人生の一時期だけに限定されない教育」としてみよう。そうした教育は、いつ頃から始まったのか。

「学校教育だけに囚われない」と言った時点で、学校が設立されて以降を想定する人もいるだろうが、もっと古くへ遡れるであろう。

G.P.マードック（1897～1985　アメリカ　文化人類学者）は、約250の民族の家族の形態・機能について調査をし、普遍的に存在する家族の4つの機能として、①性、②生殖、③経済、④教育、を指摘した。

マードックの研究から推測するに、教育という行為は、人類が複数人いて、社会的な営み・生活を始めた時点から始まり、それが、現代の未開発な地域まで含めて現代の家族にまで継承されてきたと言えるのではないだろうか。また、教育という行為は、誰から強制されること無しに、自然発生的に生じた、人間の根源的な行為とも推測される。したがって、現在、親が子に、さらには自分の子でない子に何かを教えてあげたいとか学んでほしいと考えることも、自然な行為とみてよいのではないだろうか。

社会教育的・生涯教育的なものが、いつの時代にも、消すに消せないものとして、強い生命力を持ち続けるのは、人間の根源的な行為だからではないだろうか。

以上のような観点から、今現在行われている教育と言っているものの諸相を眺めてみると、本質的ではないものも沢山見えてくる。学校教育も大きな功績を残してきているが、学校教育だけが教育のすべてではない理由は、こんな所にあるのだろう。

ともすれば、本質をおさえていない教育が起こってしまうことを反省し、学校も含めて本質的な教育・学習が行われる社会を実現していくことは、大切な課題である。

P.ラングランが言うところの「人間の尊厳」にも関わる教育・学習（第Ⅰ部－5章で後述）を実現していくことは、上記のようなところにヒントがあるのかもしれない。

る、ということになろう。

Ⅲ．生涯教育・学習

　1965（昭和40）年、ユネスコ職員のP.ラングランが、生涯教育・学習論を提唱した（詳細は、第Ⅰ部－2章）。以後、わが国でも生涯教育・学習の用語が多く使用されるようになった。

　　　　　［注］
　⑴　都市スラム地区に住み、そこの住民と人間的接触をしながら、生活向上、地域の改善を図る運動。大学・大学人が主体になった場合は、大学セツルメントと言う。

★調べてみよう
　①以下の文献等で、日本国内の社会教育の歴史を調べてみよう。国立教育研究所編（昭和49年）『社会教育史（一）（日本近代教育百年史・七）』。国立教育研究所編（昭和49年）『社会教育史（二）（日本近代教育百年史・八）』。
　②以下の文献等で、興味のある外国の社会教育の歴史を調べてみよう。梅根悟監修（昭和49年）『社会教育史Ⅰ（世界教育史大系・36）』講談社。梅根悟監修（昭和50年）『社会教育史Ⅱ（世界教育史大系・37）』講談社。

★読んでみよう
　①ペスタロッチ、長田新訳（昭和18年）『隠者の夕暮　シュタンツだより』岩波書店・岩波文庫青703－1。
　②拙稿（平成10年3月）「長谷川良信における大学拡張・大学セツルメントに関する考察」、『大乗淑徳学園　長谷川仏教文化研究所年報』第22号。
　③マザー・テレサ（昭和57年）『生命あるすべてのものに』講談社・講談社現代新書667。

第2章

生涯教育・学習論の登場

> わが国の行政が着目したP.ラングラン以降の生涯教育・学習論のうち、初期の生涯教育・学習論についてみてみましょう。
> それまでの日本の狭い社会教育ではなかなか出せなかった発想を捉えてみましょう。

Ⅰ．生涯教育・学習論

　1965（昭和40）年、ユネスコ職員のP.ラングランが、生涯教育・学習論を提唱した。P.ラングラン以降の代表的生涯教育・学習論の概略は、以下のようである。

１．P.ラングランの生涯教育・学習論（1965〈昭和40〉年〜）

　いつでも、どこでも、だれでも教育が受けられることをめざし、人間の生涯にわたり、あらゆる教育・学習機会を活用することのできる制度を形成することを提唱した理論。

　1965（昭和40）年に、P.ラングランが、ユネスコ「第3回成人教育推進国際委員会」（於　パリ）に提出した「エデュカシオン・ペルマナント」（Éducation permanente）と題するワーキングペーパーの趣旨は、以下。

　①人間の誕生から死に至るまでの人間の一生を通じて、教育の機会を提供する。②人間発達の総合的統一性という視点から、様々な教育を調和させ、統合したものにする。③生涯教育を実現する為に、労働日の調整、教育休暇、文化休暇等の措置を促進する。④小・中・高・大学は、地域社会学校としての役割、地域文化センターとしての役割を果たすように努める。⑤従来の教育について

の従来の考え方を根本的に改め、教育を本来の姿に戻す為、生涯教育の理念の浸透に努める。

> **ポール・ラングラン**（Paul Lengrand）
> 　　1910年〜2003年　フランス　生涯教育・学習の理論家・実践家。
> 　　大学教授を務めた。フランスの民衆教育運動団体「民衆文化」設立、会長になる。
> 　　1948〜ユネスコ専門職員。1965.12　ユネスコ「第3回成人教育推進国際委員会」
> 　　（於　パリ）の席上でユネスコ成人教育課長として初めて生涯教育を唱える。
> **UNESCO**（United Nations Educational, Scientific, and Cultural Organization）
> 　　国連教育科学文化機関。発展途上国を含む全世界の諸国を加盟対象とした、教育・科学・文化の3分野に関わる機関。

2．R.ハッチンスの「学習社会」論（1968〈昭和43〉年）

「すべての成人男女に、いつでも定時制の成人教育を提供するだけでなく、学習、達成、人間的になることを目的とし、あらゆる制度がその目的の実現を志向するように価値の転換に成功した社会」[1]である「学習社会」成立を目指して提出された理論。

> **ロバート・メイナード・ハッチンス**（Robert Maynard Hutchins）
> 　　1899年〜1977年　アメリカ　法律学者。
> 　　30歳でシカゴ大学総長となる。1945年までの約15年間の在職中に大学改革を行い、アメリカ教育界に多大な影響。アメリカの機械的技術文明批判と、機械的技術文明から生じた誤った職業教育を批判。ヨーロッパの思想家の影響も認められる。1968年に *The Learning Society*（『学習社会』）を出版。

3．OECDの「リカレント」教育論（1973〈昭和48〉年）

人生の初期に集中していた教育と、児童期→教育期→労働期→隠退期という非可逆的なライフサイクル（「フロント・エンドモデル」）を是正し、教育、労働、余暇、隠退を自由に組み合わすことのできる柔軟なライフサイクル（「リカレントモデル」）を形成しようとする理論（図1参照）。なお、OECDは、「有給教育休暇制度」の重要性を早くから指摘している。

> **Recurrent Education**
> 　　環流教育。回帰教育。そのまま「リカレント」教育。
> **OECD**（Organization for Economic Cooperation and Development）
> 　　経済協力開発機構（別名　先進工業国クラブ）。先進工業国家群の経済協力の為の政府機関。OECDの目的は以下。①財政金融上の安定を維持しつつ、できるだけ高い経済成長、雇用の増大、生活水準の向上を図る。②発展途上国の経済成長への寄与（開発援助）。③多角的自由貿易の拡大。

図1　「フロント・エンドモデル」と「リカレントモデル」（前田作成）

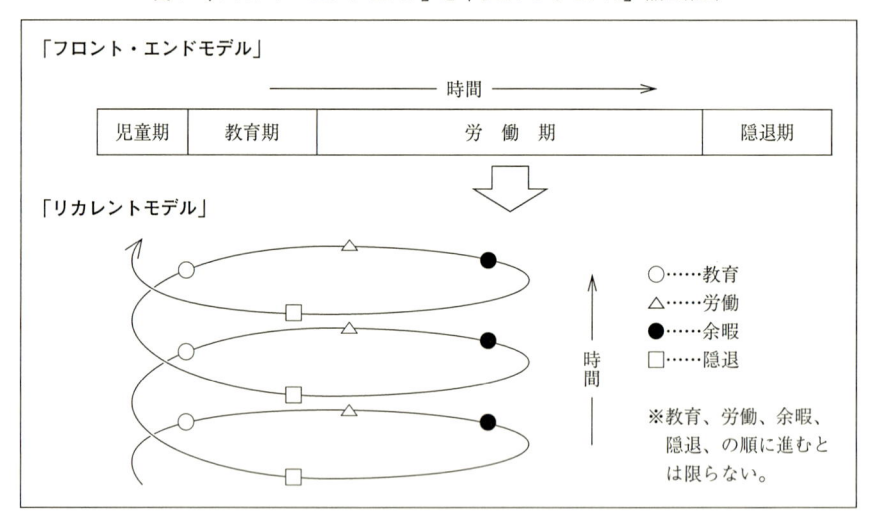

「フロント・エンドモデル」

────時間────→

| 児童期 | 教育期 | 労　働　期 | 隠退期 |

「リカレントモデル」

○……教育
△……労働
●……余暇
□……隠退

※教育、労働、余暇、隠退、の順に進むとは限らない。

II．生涯教育・学習の定義

　生涯教育・学習論は、本書で取り上げたP.ラングラン、ハッチンス、OECDの論だけではない。また、どこからどこまでを生涯教育・学習論とするかを判断することは容易ではない。

　また、第Ⅰ部－4章以降で明らかになるが、P.ラングラン、ハッチンス、OECDの論は、それぞれ個性があり、違いもある。

　生涯教育・学習の定義は、多くの生涯教育・学習論の最大公約数を探って述べることが適切かもしれないが、ここでは、P.ラングランを尊重して、「時系

列的（垂直的）、生活空間的（水平的）に統合された教育・学習」としてみよう。

Ⅲ．生涯教育と生涯学習の違い

　生涯教育と生涯学習に関する流れや用語法を、山本恒夫は、以下のように整理・説明している。

　　「生涯学習は、個人の側で行われる考え方や行動様式の変容の過程であるのに対し、生涯教育は、その個人に働きかけ、変容の中の発達を助長する営みである。生涯教育は lifelong education の訳であるが、英語圏の場合、lifelong education は1920年代にすでに用いられており、1940年代後半には生涯教育の主な考え方がほぼ出揃っている。
　　その後（第2次大戦後）の新しいことといえば、生涯教育をただ単に教えることだけを意味するものととらえるだけではなく、生涯学習は適切な援助によって可能になるとして、生涯学習の援助方策を考える動きが出てきたことがあげられる。たとえば、人々の生涯学習への関心を顕在化させたり、学習能力を高めたり、生涯学習の条件整備をするということなどがそうである。
　　したがって、生涯学習を問題にする場合には学習者の側の特性等に関心を寄せることになるが、生涯教育を問題にする場合には、生涯学習を推進、振興、援助、支援する側の指導者、教育の内容・方法、教材、施設、組織、制度、行財政等に関心が寄せられる。
　　生涯教育についても、生涯学習と同じように、ある統一的な定義があるわけではない。わが国では生涯教育という言葉をあまり使わなくなったが、用語として生涯学習のみを使うとした臨時教育審議会答申（昭60〜62）が出されるまでは、むしろ生涯教育の方が多く使われていた。最近は、生涯教育にあたることを、生涯学習の推進、振興、援助、支援のような言い方で表すことが多い。
　　生涯教育の用語法をみると、ユートピア的な考え方を表す場合と、より抽象度の低いガイドラインを表す場合とがある。前者は人間が絶えず成長（心理学者や哲学者のいう成長）していくことを前提とし、その成長過程のすべてにわたって成長を援助することが生涯教育だとする。（中略）
　　一方、生涯教育がガイドラインを表すという場合のガイドラインとは、生涯教育についての理念に沿って教育の発展を図るためのそれである。これは、あ

らゆる年齢での学習を可能にするための組織、行政、学習機会、方法、教材等をどうしたらよいかということについての一連の措置の仕方や基準であり、教育を生涯教育の考え方で再編成するためのガイドラインである。たとえば、学校教育で生涯にわたって学習することに意欲を持てるようにするということや、生涯を通じての学習能力を培うというのは一種のガイドラインであり、あらゆる年齢での学習を可能にするための一連の措置の1つということになる。

　生涯教育は一般用語ないしは包括的な概念であり、すべての教育理論や教育実践を含んでいるから、何ら新しいものを内包していないとする批判がある。それに対しては、この批判は表面的で、生涯教育は社会改革、生活水準の高度化、職業技術の向上、仕事の高能率化、余暇活動の増大等と結びついて、教育再編成の計画、実行、評価のガイドラインを提供しうるという反論もある。」[2]

このように、生涯教育、生涯学習は、統一的な定義があるわけではなく、その時々の使用の仕方により変わるものである。

現在のわが国において、生涯教育という用語をあまり使用せず、それを問題にする場合に、生涯学習の推進、振興、援助、支援のような言い方で表す傾向にある。ただし、世界中で用語法が統一されているわけではない。

本書では、混乱を避ける意味で、生涯学習は、"生涯にわたる学習"という広い意味で使用する。また、生涯教育・学習と表現した場合は、1965（昭和40）年に、P.ラングランが、ユネスコ「第3回成人教育推進国際委員会」（於　パリ）に提出した「エデュカシオン・ペルマネント」（Éducation permanente）と題するワーキングペーパー以降言われている生涯教育と生涯学習すべて（日本国内だけとは限らない）を含めうる広い意味を想定している。

［注］
(1) R.ハッチンス、新井郁男訳「ラーニング・ソサエティ」、新井郁男編（昭和54年）『ラーニング・ソサエティ』至文堂・現代のエスプリNo.146, pp.31～32。
(2) 山本恒夫（登録年月日：平成18年1月27日）「生涯教育と生涯学習」、日本生涯教育学会『生涯学習研究e辞典』。参考文献は、山本恒夫（平成13年）『21世紀生涯学習への招待』協同出版、井内慶次郎監修、山本恒夫・浅井経子編著（平成16年）『生涯学習［答申］ハンドブック―目標、計画づくり、実践への活用』文憲堂。

第3章

わが国の行政上の対応

P.ラングラン以降に、いくつかの生涯教育・学習論が出されていく過程の中で、わが国の行政は、それらにどのように対応したのかをみてみましょう。また、わが国の行政は、生涯教育・学習をどのように発展させてきているのかをみてみましょう（生涯学習・社会教育行政研究会編『生涯学習・社会教育行政必携』第一法規出版、各年度版、等参照）。

Ⅰ．わが国の行政上の対応の流れ

1．基本法令

- ◎① H2.6　『生涯学習の振興のための施策の推進体制等の整備に関する法律』（略して『生涯学習振興法』。第Ⅰ部−9・10章参照）
- ② H2.6　『生涯学習の振興のための施策の推進体制等の整備に関する法律施行令』
- ③ H11.6　『男女共同参画社会基本法』
- ◎④ H18.12　『教育基本法』の改正　※「第三条　生涯学習の理念」新設
- ◎⑤ H20.6　『社会教育法』の改正
- ◎⑥ H20.6　『図書館法』の改正
- ◎⑦ H20.6　『博物館法』の改正

2．主要答申等

- ◎① S46.4　社会教育審議会答申「急激な社会構造の変化に対処する社会教育のあり方について」

わが国の経済成長や技術革新の進展、中高年齢層の人口増大、人口の都市集中、核家族化の傾向、学歴水準の向上等の急激な社会構造の変化に対して、従来の狭い範囲だけに社会教育を限定する考え方を否定し、「国民の生活のあらゆる機会と場所において行なわれる各種の学習を教育的に高める活動を総称するもの」として社会教育の重要性を認識した答申。

◎② S56.6　中央教育審議会答申「生涯教育について」

ユネスコの「生涯教育」論、R.ハッチンスの「学習社会」論、OECDの「リカレント」教育論を意識し、各人が自発的意思に基づいて、必要に応じ自己に適した手段・方法を自ら選んで、生涯を通じて行うという「生涯学習」の考え方を示し、今後の教育制度の基本的な理念としての「生涯教育」について考察したもの。

◎③ S60.6～S62.8　臨時教育審議会第一次～第四次答申

昭和59年9月の内閣総理大臣からの「わが国における社会の変化及び文化の発展に対応する教育の実現を期して各般にわたる施策に関し必要な改革を図るための基本的方策について」の諮問を受け、臨時教育審議会が合計4回の答申を行ったもの。

第一次では、「生涯学習の組織化・体系化と学歴社会の弊害の是正」、第二次では、学校中心の考え方からの脱却と「生涯学習体系への移行」、第三次では、「評価の多元化」や生涯学習のまちづくりの推進、第四次では、生涯学習体系への移行に対する文教行政の積極的対応、等のように、生涯学習に重点を置いた提言を提出している。

〇④ S62.10　閣議決定「教育改革に関する当面の具体化方策について」

臨時教育審議会答申に示された教育の基本的在り方及び教育改革の視点を踏まえて、総合的観点から改革方策の検討、立案等を進め、その実現に努める為に、いくつかの方針（生涯学習体制の整備、教育行財政の改革、他6方針）を示したもの。

⑤ H2.1　中央教育審議会答申「生涯学習の基盤整備について」

- ⑥H 3. 2　八大学審議会答申「大学教育の改善について」
- ⑦H 3. 4　中央教育審議会答申「新しい時代に対応する教育の諸制度の改革について」
- ⑧H 4. 2　青少年の学校外活動に関する調査研究協力者会議（審議のまとめ）「休日の拡大等に対応した青少年の学校外活動の充実について」
- ○⑨H 4. 7　生涯学習審議会答申「今後の社会の動向に対応した生涯学習の振興方策について」（現代的課題を示す。生涯学習とボランティア活動との関係を示す。）
- ⑩H 8. 4　生涯学習審議会答申「地域における生涯学習機会の充実方策について」
- ⑪H 8. 4　生涯学習審議会社会教育分科審議会答申「社会教育主事、学芸員及び司書の養成、研修等の改善方策について」
- ⑫H 8. 7　中央教育審議会第1次答申「21世紀を展望したわが国の教育の在り方について」
- ○⑬H 9. 3　生涯学習審議会（審議の概要）「生涯学習の成果を生かすための方策について」
- ⑭H 9. 6　中央教育審議会第2次答申「21世紀を展望したわが国の教育の在り方について」
- ⑮H 9.12　大学審議会答申「通信制の大学院について」
- ○⑯H10. 6　中央教育審議会答申「幼児期からの心の教育の在り方について」（生きる力を身につける積極的な心を育てること、社会全体のモラルを問い直すこと、等に言及。）
- ⑰H10. 9　生涯学習審議会答申「社会の変化に対応した今後の社会教育行政の在り方について」
- ⑱H10.11　男女共同参画審議会答申「男女共同参画社会基本法について─男女共同参画社会を形成するための基礎的条件づくり─」
- ⑲H11. 6　生涯学習審議会答申「生活体験・自然体験が日本の子どもの心をはぐくむ」

- ◎⑳ H11.6　生涯学習審議会答申「学習の成果を幅広く生かす」（第Ⅰ部-12章参照）（学習成果の活用の具体策を示す。）
- ◎㉑ H12.11　生涯学習審議会答申「新しい情報通信技術を活用した生涯学習の推進方策について―情報化で広がる生涯学習の展望―」（新しい情報通信技術を活用した生涯学習推進の方策を示す。）
- ㉒ H15.3　中央教育審議会答申「新しい時代にふさわしい教育基本法と教育振興基本計画の在り方について」
- ㉓ H16.3　中央教育審議会生涯学習分科会報告「今後の生涯学習の振興方策について（審議経過の報告）」
- ◎㉔ H20.2　中央教育審議会答申「新しい時代を切り拓く生涯学習の振興方策について―知の循環型社会の構築を目指して―」（第Ⅰ部-12章参照）（『教育基本法』の改正（H18.12）による生涯学習・社会教育関係の規定の充実を踏まえての提言を示す。）
- ◎㉕ H24.8　中央教育審議会答申「新たな未来を築くための大学教育の質的転換に向けて～生涯学び続け、主体的に考える力を育成する大学へ～」

3．行政組織

- ① S59.6　政令『文部省組織令』の改正（生涯学習局生涯学習振興課、体育局生涯スポーツ課の事務内容を明記）
- ② S63.7　文部省筆頭局「生涯学習局」の設置
- ③ H2.6　政令『生涯学習審議会令』
- ④ H11.7　文部科学省設置法
- ⑤ H12.6　中央教育審議会令
- ⑥ H13　文部科学省組織規則
- ⑦ H13.1　文部科学省「生涯学習政策局」として再編強化。生涯学習審議会を、中央教育審議会生涯学習分科会として再編。
- ⑧ H30.10　文部科学省筆頭局「総合教育政策局」。この中に「生涯学習推進

課」「地域学習推進課」「男女共同参画共生社会学習・安全課」などがある。

４．生涯学習の基盤整備等

①H元.5　　文部大臣裁定「生涯学習フェスティバル開催要綱」

②H２.9　　各都道府県知事、各都道府県教育委員会あて　事務次官通達「生涯学習の振興のための施策の推進体制等の整備に関する法律等について」

③H３.2　　文部省告示「生涯学習の振興に資するための都道府県の事業の推進体制の整備に関する基準」

『生涯学習振興法』（H２.6）第３条第１項各号に掲げる事業の推進体制の整備に関し、望ましい基準を定め、各都道府県がその判断に基づいて体制を整備する場合の参考に供し、生涯学習の振興に資することを目的に文部省が示した基準。

１　目的／２　推進体制の整備／３　地域の実情に即した事業の実施／４　一体的かつ効果的な事業の実施／５　他部局との連携／６　地域において生涯学習に資する事業を行う機関及び団体との連携／７　事業の具体的内容

◎④H３.2　　生涯学習局「『生涯学習の振興に資するための都道府県の事業の推進体制の整備に関する基準』（平成３年２月７日文部省告示第５号）の趣旨及び留意点について」

文部省告示「生涯学習の振興に資するための都道府県の事業の推進体制の整備に関する基準」（H３.2）の趣旨を述べた後、上記③の１〜７の留意点を詳細に生涯学習局が言及したもの。

⑤H７.11　　文部省・通商産業省告示「地域生涯学習振興基本構想の承認に当たっての基準」

⑥H12.3　　文部省・通商産業省告示「地域生涯学習振興基本構想の協議に係る判断に当たっての基準」

⑦H13.5　　文部科学大臣決定「生涯学習フェスティバル開催要綱」

5．社会教育主事等

◎①S61.10　社会教育審議会成人教育分科会報告「社会教育主事の養成について（報告）」（社会教育主事に求められる資質・能力を示す。）

②H 8. 8　文部省告示「社会教育に関係のある職及び教育に関する職の指定」

③H13.12　文部科学省生涯学習政策局長通知「社会教育主事の資格及び社会教育主事講習の受講資格等の取扱いについて」

6．社会教育施設

①S61.12　社会教育審議会社会教育施設分科会「社会教育施設におけるボランティア活動の促進について（報告）」

◎②S63. 2　社会教育審議会社会教育施設分科会報告「新しい時代（生涯学習・高度情報化の時代）に向けての公共図書館の在り方について（中間報告）」

◎③H 2. 6　社会教育審議会社会教育施設分科会「博物館の整備・運営の在り方について」

◎④H 3. 6　生涯学習審議会社会教育分科審議会施設部会「公民館の整備・運営の在り方について」

⑤H 4. 5　生涯学習審議会社会教育分科審議会施設部会図書館専門委員会報告「公立図書館の設置及び運営に関する基準について（報告）」

◎⑥H 6. 9　生涯学習審議会社会教育分科審議会施設部会報告「学習機会提供を中心とする広域的な学習サービス網の充実について―新たな連携・協力システムの構築を目指して―」

⑦H 6. 9　文部省生涯学習局長通知「都道府県における広域的な生涯学習サービス網の整備について」

⑧H10.10　生涯学習審議会社会教育分科審議会計画部会図書館専門委員会報告「図書館の情報化の必要性とその推進方策について―地域の情報化推進拠点として―」

◎⑨H18.3　これからの図書館の在り方検討協力者会議「これからの図書館像―地域を支える情報拠点をめざして―」

7．社会教育事業
◎①H 7.11　『高齢社会対策基本法』
◎②H 8. 7　閣議決定「高齢社会対策の大綱について」

8．社会通信教育等
①S63. 4　社会教育審議会社会通信教育分科会報告「新しい時代に向けての社会通信教育の在り方」

9．視聴覚教育
①S62. 4　社会教育審議会教育メディア分科会報告「生涯学習とニューメディア（報告）」
②H 4. 3　生涯学習審議会社会教育分科審議会教育メディア部会報告「新しい教育メディアを活用した視聴覚教育の展開について」
③H 7. 1　マルチメディアの発展に対応した文教施策の推進に関する懇談会報告「マルチメディアの発展に対応した文教施策の推進について（審議のまとめ）」
④H 7. 8　生涯学習審議会社会教育分科審議会教育メディア部会報告「時代の変化に対応した地域における教育メディア利用の推進体制の在り方について」

10．学習情報提供、情報化への対応
◎①S62. 7　学習情報提供システムの整備に関する調査研究協力者会議報告「生涯学習のための学習情報提供・相談体制の在り方」
②H 3. 8　全国の生涯学習情報のシステム化に関する調査研究協力者会議「生涯学習情報の都道府県域を越えた提供の在り方について（審

○③H 5.3　全国の生涯学習情報のシステム化に関する調査研究協力者会議「生涯学習情報のセンター機能の在り方について（審議とりまとめ）」
○④H 9.3　全国生涯学習情報センター機能に関する調査研究協力者会議「都道府県生涯学習情報提供システムの高度化方策について（審議のまとめ）」
⑤H11.12　内閣総理大臣決定「ミレニアム・プロジェクト『教育の情報化』」
⑥H12.12　高度情報通信ネットワーク社会形成基本法
⑦H13.1　高度情報通信ネットワーク社会推進戦略本部「e-Japan 戦略」
⑧H15.7　高度情報通信ネットワーク社会推進戦略本部「e-Japan 戦略Ⅱ」
⑨H18.1　高度情報通信ネットワーク社会推進戦略本部「IT新改革戦略―いつでもどこでも、誰でもITの恩恵を実感できる社会の実現―」

11. 補助金・委嘱費等

○①S52.2　文部大臣裁定の「地方生涯学習振興費補助金交付要綱」の改正「生涯学習推進事業」（例.「生涯学習のまちづくり推進事業」）、「生涯学習情報提供システム整備事業」、「女性の生涯学習促進事業」、「生涯学習ボランティア活動総合推進事業」等の交付の対象及び補助額を明記した。
②H 7.5　生涯学習局長裁定「地域における生涯大学システムに関する研究開発委嘱要綱」
○③H 9.4　文部大臣裁定「社会参加促進費用補助金交付要綱」
④H18.4　独立行政法人国立青少年教育振興機構規程「子どもゆめ基金助成金交付要綱」
⑤H19.3　18文科生587・雇児発0330039「放課後子どもプラン推進事業の実施について」

前述の生涯教育・学習論に反応した早い時期の答申としては、上記2－①の昭和46年4月の社会教育審議会答申「急激な社会構造の変化に対処する社会教育のあり方について」や、2－②の昭和56年6月の中央教育審議会答申「生涯教育について」がある。前者で「急激な社会構造の変化に対処する」という文脈で生涯教育の必要が、後者で生涯教育と生涯学習の必要が唱えられた。

　生涯教育・学習に関する行政が、大きく動いた流れとしては、中曽根康弘総理大臣の諮問に応じて、2－③の昭和60年6月～同62年8月の臨時教育審議会第一次～第四次答申が出され、その後3－②の昭和63年7月の文部省筆頭局「生涯学習局」の設置、1－①の平成2年6月の『生涯学習の振興のための施策の推進体制等の整備に関する法律』（略して『生涯学習振興法』）の成立となったことがある。

Ⅱ．今後の公的な生涯教育・学習のゆくえ

　今後の公的な生涯教育・学習のゆくえは、実は簡単にはわからない。しかし、私たちの賢明な選択で好ましくない極端な方向は、避けた方がよいと思われる。

　例えば、競争の過熱、学歴重視、学校教育の弊害の成人・高齢者への持ち込みを進めるような「生涯管理教育」は避けた方がよいと思われる。また、個々人の意志のみにまかせた「生涯孤独学習」に陥る状況も避けた方がよいと思われる。

　学校歴（学歴）ではなく「学習歴」（2－⑳等で指摘）が尊重される社会の実現、生きがいある社会の実現、創造性豊かな社会の実現、豊かな未来を切り拓いていくこと、等々課題はまだ多いと思われる。

★読んでみよう
　①生涯学習・社会教育行政研究会編『生涯学習・社会教育行政必携』第一法規出版、内の基本法令、答申、等。筆者からみて、重要だと思われるところに、◎（特に重要）や○（重要）を付けておいたので、収集して考えながら読んでみよう。

第4章

P. ラングランの生涯教育・学習論⑴

　わが国の公的な教育が着目したP. ラングラン以降の生涯教育・学習論のうち、初期の生涯教育・学習論を丁寧に読み進めてみましょう。まず、P. ラングランの生涯教育・学習論の訳の前半を読んで、P. ラングランが何を言いたかったのかを捉えてみましょう。ここでは、1965（昭和40）年、P. ラングランが、ユネスコ「第3回成人教育推進国際委員会」（於　パリ）に提出した「エデュカシオン・ペルマナント」（Éducation permanente）と題するワーキングペーパーの補論的な位置づけを持っているところの1969（昭和44）年にユネスコの雑誌に掲載された"Perspectives in Lifelong Education"を使用します。筆者の解説や分析を入れることを極力避けるので、そのまま読んで感じ取ってください（論内の重要と思われる箇所は、筆者が太字にします）。

生涯教育とは何か

　「生涯教育」ということばは、ひじょうに広い領域をさすものとして用いられている。すなわち、ある場合には、特定の技術の訓練や再教育のコースをさすものとして、厳密に職業教育を意味することがある。しかしまたそれは、個人の人格を全面的に発達させるところまではいかないにしても、ある特定の仕事のために人を訓練するのではないという意味に広く解されて、成人教育とほぼ同じものをさすこともある。しかし今やこのことばは、これまでの伝統的な成人教育、ないしは、職業教育の概念には含まれていなかった新しい活動と研究の領域をさすものとして、しだいにひん繁に用いられはじめている。つまり、新しいタイプの教育を展開しようとする願いが、このことばにはこめられているのである。

現段階においては生涯教育ということばは理念の面でも実際においても、まだ明確に定義することのできないひじょうに複雑な概念である。おそらくわれわれとしては、生涯教育にかかわりのある多様な要因を体系化して、それらの間の相互関係を示す試みをすべきであろう。**生涯教育ということばによっていわんとしている第1のこと—おそらく、もっとも広く受け入れられているであろうこと—は、教育とは、ひとりの人が初等・中等あるいは大学のいずれを問わず学校を卒業したからといって終了するものではなく、生涯を通して続くものであるということである。**教育の過程をこのように解釈する考えは、今日われわれが成人教育とよんでいるものの中に反映されている。

　したがってこのことは、実際にはすでに長い伝統をもっているひとつの教育の形態に、ある新しい名称をつけようというだけのことであるかのように思われるかもしれない。しかし、**生涯教育という考え方は、基礎教育の不備を補う手段としての成人教育という狭い概念からは脱却しているので、伝統的な要素は少ないといってよいであろう。**大衆教育とか、大衆文化とかいった考え方や実践は、ある程度この狭いほうの概念に相当するものである。

　しかしながら、「生涯教育」ということばが使用されるについては、もっと広い概念をそれに含むことが意図されている。すなわち、ひとりひとりの人がその抱負を実現し、みずからの可能性を発展させ、さらに、変動している社会から絶えず人々に投げかけられる課題にこたえるためには、**教育の過程を中断することなしに継続することが必要である。**つまり、今日のように、その構造が常に変化している現代社会では、個々人と地域社会と国民の生活とは、既成の標準的な教育とはなんとしてもかみあわないということを、だれもが認めるにいたっている。

　このように生涯教育というものを、継続教育と考えた第1の考え方は、狭義の概念である。それで、生涯教育をどう考えればよいかという新しい方向づけに関する研究が、ユネスコを含む多くの機関で現在すすめられて

いる。

教育概念の抜本的な転換

　もしも人間が、学習し、訓練をうけ、職業上の資格を改善しながら、知的・情緒的・道徳的可能性を発展させて、対人関係ばかりでなく、地域社会全体に対して貢献することができ、またそうすべきであるとして、そうした目標の達成を援助するために、**成人教育が適切な便益・手段を準備すべきであるとするならば、教育というものの考え方とその過程には、抜本的な転換がはかられなければならなくなる。**

　（中略）

　原始社会においては、若者たちは地域社会や部族の年寄り、賢者、さらには、各種の技術に習熟した人々によって、おとなになるための準備教育をされた。その準備教育は、**成人式（イニシエーション）の時期で終わりを告げ、その後は、男女はおとなの生活に入りこんで、適切な役割を果たすことを期待された。**

　現代社会では、おとなの生活に備えた訓練の終わりをしるす移行措置として、**試験とか、卒業証書といったかたちで類似の儀式がつくりだされている。**15歳、20歳、あるいは25歳で最終試験にパスすると、若者たちは、自分の能力と社会的地位にふさわしい役割を成人の社会で果たすことができるだけの知識のたくわえや行動基準や習慣・慣習などを身につけて労働生活にはいる準備ができたとみなされる。

　このように生涯は、きちんと二つの部分にわけて考えられてきたので、教育の目的は、やがておとなになる人々のために、将来の人生において果たすことを要求されるであろう種々の役割に必要な資質能力をあたえることであった。その結果、**教育制度は全体として、生徒にあらゆる種類の事実をつめこむように制定され、生徒たちは、満足な生活をおくるために、この蓄積された資本をできるだけうまくひきだすことを期待された。**しかしながらこれに反して、**人間がもしも生涯を通じて学習したり自己教育を**

続けたりすることができるだけでなく、そうすべきであるとするならば、子どものときにその頭脳に過量な負担をかける理由はなくなってくる。

　このような展望の上にたって考えてみると、学校の役割というものは完全に変化することになる。まず第1に、**学校は本当の教育が効果的にできるように、できるだけの貢献をすべきである**。そうした真の教育は、生涯教育という調和のとれた体系ができあがって、ひとりひとりの人が学校や大学を卒業した後に自分自身の教育に着手して、学習と訓練とを続けようという動機をもつにいたった時に、はじめて発足することになるのである。そして、基礎教育というものが、知識を得るために欠かせない過程というよりは、むしろ、音楽にたとえれば、序曲の役割をになうことになる。そこでは、いろいろなテーマに関するコースを提供するよりはむしろ、未来のおとなが、自己を表現し、他の人と意志の疎通ができるようになるだけの手段を提供すべきである。だから力点は、言語を使いこなすこと、集中力や観察能力を発達させること、また、どこでどうすれば必要な情報がえられるかを知ること、そしてさらに、他の人とともに協働できる能力を獲得することなどにおかれるべきである。**幅広く活気に満ちた成人教育制度が、まず第1に大学で、ついで中等教育や初等教育で、さらにそれらをこえて、家庭や地域社会にも存在するようになれば、教育に対する考え方や実践に対して、強い影響をあたえるようになるであろう**。

　生涯教育ということばでいわんとされている内容に、さらに近づいた第2の解釈によると、すべての教育者、なかでも成人教育にたずさわっている人たちは、生活のあらゆる段階において現代人に要求されているさまざまなかたちの教育と訓練とを、徹底的に大改造しなければならない。**事実、われわれの生涯は、その中のどの期間をとってみても、それはその時に独自な貴重な経験であり、また同時に、それが将来の次の段階への準備であることを示している**。そうした二重性は、児童期や青年期だけでなく、成人前期にも壮年期にも、さらには老年期にもあてはまる。人間の生涯は、どの段階においても充実して過ごされるべきであり、また、一連の新しい

体験を通してしだいに自分自身を知るためにも、それぞれの段階の経験と楽しみと満足とに、何ほどかのものが付け加えられるべきである。

　その後の生涯の準備がうまくできるかどうかということは、生涯のそれぞれの時期に、その人がどれだけ充実した生き方をしたかによって決まってくる。死刑の判決をうけたうえで執行猶予をされているかのような生き方をすることは、逃避主義にほかならない。にもかかわらず、そうした生き方が、ひじょうにしばしば青少年の間で起こっている。学校教育は、青少年の発達にブレーキとして作用し、また、その年齢段階で彼らが体験しなければならない生活を妨害している。その結果、学校教育は、楽しみや個人的な充実感のみなもととなるかわりに、自由を束縛するものに思え、彼らの間に教育に対する否定的態度を助長させている。生涯およびその各段階のことをこのようにより正確に理解することによって、われわれは、成人教育よりもはるかに広範な活動を含む包括的な生涯教育という考え方に導かれる。もちろんだからといって、成人教育がひじょうに重要な役割を果たすものであることを否定するものではない。教育のあらゆる局面は、ひとつの有機的な全体の中に織り込まれているので、活発で、しかもよく組織化された成人教育の制度が成立していないかぎり、教育の最初の段階に急激な変革を導入してみても、それは理屈にあわないことである。

生涯教育体制の特色

　ここでまた、連続的な生涯のそれぞれの段階で、そこの必要にこたえなければならない学習過程としての生涯教育に関して、……考慮しておかなければならないいくつかの側面について検討しておこう。

　まず第1に、教育には年齢の制限はあり得ないということである。すなわち、教育というものは、生活のしかたそのものであり、むしろ、社会で起こっていることを知るための方法である。つまり、人によっては、自分の周囲に起こっていることに敏感であるが、中にはそうしたことになんらの関心も示さぬ人がいる。人によっては、人生の主要な目標は安全を求め

ることであるのに対し、中には、敢然として危険をおかすばかりでなく、みずから進んで危険を求めたり困難に立ち向かおうと努力する人もいる。生涯教育ということによって追求されている目標は、いずれかの段階で学ぶということを中止して、現状に順応することだけを心がけるような態度に堕してしまった一種の夢遊病者のような生活に反対して、ひとりひとりの人が、自分のまわりの社会の動きに気をくばり、その流れの中にみずからを入りこませるようにさせることである。

　第2に──これはまたひじょうに重要なことであるが──**失敗とか成功とかいった考え方がその意味を失ってしまう**。ある年齢で教育が終了して、試験や卒業証書やその他の選抜形式による「入会の儀式」によって区切られている教育制度のもとにおいては、いうまでもなく、成功した人が成功しなかった人から切り離されて特別扱いをされている。このようにして、社会は二つのグループに分けられる。すなわち、一方に幸運なものがあり、他方に不運なもの、あるいは学習にむいていないものがつくられる。人々は、自分の一生が、全く偶然の事情によってそのいずれかにレッテルをはられてしまうことに気づいている。しかしながら、もしも適切な機構が確立されることによって、ひとりひとりの人が継続的に教育の過程に入りこみ、常に何か新しいものを学習していくようになれば、一時の失敗が後にまで尾をひくような絶対的なものではなくなってくる。もしもある人が、ひとつの冒険に失敗したとしても、なお多くの機会がこの人を待ちうけていて、そこで自分のもてる力をためすことができるようになる。かりに一度しくじったにしても、その人は失敗者になったのではなく、その生涯において、あれやこれやの出来事の中に、一度の失敗があったというだけのことにすぎない。同じように、成功ということもまた相対的なものになってしまう。つまり、ある時に成功したからといって、他の時にも成功するという保証はどこにもないのである。

　以上のようなことが制度化されると、成功は失敗と同様にひじょうに窮屈なものになるばかりか、時によっては、ひじょうに有害であることすら

起こりうるかもしれない。つまり、ある冒険に失敗した人は、自分の力を点検して新たに出発しなおすことをしいられるだろうけれども、成功した人の場合は──特に、もしその人の成功が彼を仲間からひきはなしてしまっているような場合には──その人の残りの人生が、事もなくすらすら運ぶだろうと信じこむ危険性をもっている。生涯教育の過程の中で、絶えず新しいことに取り組もうとしている人にとっては、成功とか失敗とかいったこと……の絶対的な意味は失われてしまう。

　だから、知的・情緒的・社会的・職業的なそれぞれの次元においてだけでなく、男女両性の間、親子の間などで、ひとりひとりの人が、自分を表現する可能性を増すことが人生の目的になるのである。

　もちろん、人が成功したり失敗したりする状況は、この世に無数にある。しかし重要なことは、ある状況の中で受動的な観察者になるのではなく、そうした状況に積極的に立ち向かい、慎重でしかも探求的であるべきだということである。確かに人間にとって、あらゆる選抜を完全に排除することなどはとうていできるものではない。たとえば、産業界や商業界の会社、あるいは行政機関などでは、信用で職員を採用するようにはなっていず、資格証書や卒業証書が要求される。したがって、現実の場面においては、**生涯教育が発展することと、現実に必要であるとして選抜が行なわれることとの間には、いかんともしがたい矛盾がある**。しかしこれは、教育者の問題であるというよりはむしろ、必要とする男女を、自分なりの方法で集めなければならない雇用主によって解決されなければならない問題である。

　さらに、選抜が行なわれたあとであっても、すでにひとつの職業につくための資格を得て、ある仕事についている人が、他の職業に移るための学習コースに参加して、ある職業から他の職業にかわることのできるような制度をつくりあげることも可能であろう。

　（後略）

〔典拠〕　P.ラングラン（1969年）、日本ユネスコ国内委員会訳『生涯教育とは』。

第5章

P.ラングランの生涯教育・学習論(2)

> P.ラングランの生涯教育・学習論の訳の後半を読んで、ラングランが何を言いたかったのかを捉えてみましょう。筆者の解説や分析を入れることを極力避けるので、そのまま読んで感じ取ってください（論内の重要と思われる箇所は、筆者が太字にします）。

個性を顕現するための教育

　生涯教育に含まれているもうひとつの重要な意味は、それが、伝統的な教育よりもはるかに、**ひとりひとりの人の独自性を顕現するであろう**ということである。人間性は、世界を通じて同じではあるが、同時に、すべての人間は他では代えることのできない独自なものをもっている。つまり、哲学者が言うとおり、「人は同じ流れを二度と再び下ることはできない」ものなのである。

　人間は、自分のもっている力を発展させて、できるだけ充実した生活をおくる必要があるということに、ある程度は気づいている。つまり、意識的にせよ、無意識的にせよ、無名の状態から脱出して、自分を生み出した文明と時代と環境に対してなんらかの貢献をしながら自己の足跡を残そうと努力している。しかし、ある人が貢献できることといっても、それはその人の持ち味を部分的に反映し表現しているだけであって、その人独自の豊かで多様な要素というものは、なかなか表わすことができるものではない。

　現在の教育は、人間の個性というこの基本的な要因に対して、なんらの

考慮も払っていない。現行制度のもとにおいては、そのための時間は確保されていない。学校教育は、かりに等しい知能や能力をもっている人間でも、さまざまなリズムで発達するものであるという事実になんらの配慮もせずに、一定の年限にわたって行なわれ、一定の年齢で終了するようになっている。すなわち、中には20歳でその能力を完全に開花させる人もいるだろうけれども、人によっては、30歳もしくはそれ以上になっても、力をだしきれない場合があるということがここでは無視されている。試験とか卒業証書とかいうものが、こうした非人格化の過程で重要な役割を果たしている。そうした制度を成立させている判断の基準は、ひじょうに独断的であることが多いのであるが、ある種の社会と、そこにおける職業構成、さらに、それをうけた人々の気風にこたえるために、何年も昔に確立されたものであって、決して永遠に妥当するようなものではない。

　学校において問題にされるのは、生物的・心理的・社会的・歴史的・地理的な個々の特性をもったひとりひとりの人間ではなく、その子が、良い生徒であるか悪い生徒であるかということである。その場合の評価は、ひじょうに表面的なものであって、日ごとに変化する現実と個人の発達法則とを無視している。実際は、どうかといえば、ひとりひとりの人間が、その全生涯をかけて、自分自身の知識を獲得しながら生きているのである。そうした克服というものが長い道のりのものであることは、偉大な芸術家すなわちマチス、ピカソ、ティティアン、レンブラントなどの作品をみる時にもっともよく表わされている。たとえば、レンブラントが30歳の時に描いた作品は、彼が非凡な才能と能力をもった芸術家であることを示してはいても、彼という人間はそこには表現されていない。画家とその背後にある人間とが十分に調和していることをわれわれが見いだすのは、レンブラントが40歳以後に制作した後期の作品、ないしは、もっと晩年の作品においてである。ひとりの人がもっている可能性が大きければ大きいほど、それをあますところなく実現するためには、長い時間がかかるものである。もちろん、モーツァルト、ラファエロ、ワットーなどのように、若くして

すべてを出しきった少数の例外もあるにはある。がしかし、典型的なのはレンブラントのような例である。

創造的な芸術家の生涯に関していえることが、また、すべての人にもあてはまる。つまり、**われわれの一生は、未知の人間性を解きあかすための大きな冒険であるということである**。人は、学校で課せられるような強い圧力に屈服することなく、生涯の連続的な各段階において、**あれこれと試行錯誤をしながら、他の人とのかかわりの中で、また自分自身との対話の中で、自分の独自性をあらわしていくものである**。実のところ、人間の内なる心に秘められている力のことをじゅうぶんに考慮することのない、既成のひじょうに窮屈な考え方に適応できる人は、ひじょうに限られた小数の人たちにすぎない。

（中略）

生涯教育と近代思想

生涯教育の過程を通して、ひとりひとりの人は、**歴史性、科学的な思考**、さらには、**相対性**といった、過去150年にわたって蓄積されてきた近代思想の目ざましい発展の中から、恩恵を受けることができるだろう。

歴史性ということによって、われわれが言おうとしているのは、知識というものは啓示ではないということ、また、哲学的な思弁が現実と同一視されてはならないということである。あるいは、知識というものは、人間が環境に適応する過程の中で一歩一歩築きあげてきたものであるが、それだけに知識が進歩するということは、常に変革によってなされるものであるということ、だから、**現在われわれの手中にある真理については、過去の世代が貢献していることを認識すること、さらに、ある時代の考え方や自分の考え方を、思想の変革の文脈の中に、また、思想をいだいたり、表現したりする方法の変革という文脈の中に位置づけ、そうした一連の段階を通して自分自身の進歩があるということを自覚することのできる能力を**さしているのである。

（中略）

　第2には、絶えず疑問を出し続ける**発見の精神**、つまり、**科学的な接近方法**である。研究を行なう科学者にとっては、事をはじめる時に、自分があとで何を発見できるかはわかっていない。彼にとって主要な関心は、**知識を得ることそのことではなく、たとえ一片の真理でも発見することができると、それを仮説にして、その基礎の上に研究をすすめる**ことにある。独断的な態度とは対照的に、科学的な接近方法では、**事実の証明をすることなしに判断を公式化するようなことはしない**。それは、新しい問題を研究することを拒否したり、危険を避けようとして既成の回答を望んだり、基本的な問題を避けて安全を求めようとするような態度に、まっこうから反対するものである。

（中略）

　第3に、生涯教育の過程には、歴史性や科学的な接近方法の発展の当然の帰結として、**相対性**の概念が含まれなければならない。真理や推論は歴史的過程の産物であり、したがって、すべての知識が仮説的なものとして不断の改変と検証を受ける必要がある以上、**絶対という概念はいちじるしくせばめられなければならなくなる**。教育はひとりひとりの人に、その人の信念、確信、イデオロギー、習慣、慣習といったものが、いつの時代、どこの文明、どんな生活様式にもあてはまる普遍的なパターンや規範ではないということも、体系的に理解させなければならない。あらゆる状況や見解の中にある相対性を理解し、それを受け入れることこそが、教育の主要な目標の一つになるべきである。つまり、これは、差異というものが、単に考慮されなければならないこととして考えられるのではなく、**豊かさを生みだす共通の資源**とみなされなければならないということを意味している。

（中略）

　生涯教育を通して、最終的にはすべての人が、人生と真理とに対するこのような心理的能力と態度とを獲得することができるようになるだろう。

> 現在のような成人教育のプログラム、それも、かなり狭義に解釈されているプログラムと比較してみると、生涯教育という考え方は、はるかに豊かで広い概念であることが明らかである。それは、教育の過程や、さらにいえば、人間の尊厳についての完全に新しい見解であり説明である。それは、人間が自分をあやまった安心感になだめこんでしまうことを許すことなく、自己克服のために絶えず闘争し続けていくものであるという考えに立脚している。それはまた、将来の人間の行為のための手びきでもある。なぜなら、生涯教育という原則によって、将来の人間の行為が、活発で知的で建設的になるのであり、そのためにぜひとも行なわれる必要のある教育改革の明確な方向づけを、それが与えてくれるからである。
>
> 人間が、自分の運命を、近代思想の精神にもとづいてじゅうぶんに開花することができるようになるためには、教育というものを、以上でみてきたように根本から考え直すことが必要なのである。
>
> 〔典拠〕 P.ラングラン（1969年）、日本ユネスコ国内委員会訳『生涯教育とは』。

特色を挙げてみると、以下のようになる。

(1) 教育・学習における年齢制限の否定。
(2) 失敗と成功の考え方の否定。
(3) 独自性の強調。
(4) 過去と現実を調和する歴史性の強調。
(5) 疑問をもって学ぶ科学性の強調。
(6) 豊かさを生み出す為の差異の必要性の強調。

★読んでみよう
　①ポール・ラングラン（昭和46年か）、波多野完治訳『生涯教育入門』第一部・第二部、全日本社会教育連合会。

第6章
ハッチンスの「学習社会」論

> ハッチンスの「学習社会」論の訳を読んで、ハッチンスが何を言いたかったのかを捉えてみましょう（論内の重要と思われる箇所は、筆者が太字にします）。

　あらゆる高度文明社会がこれまで前提にしてきたことは、労働は必要悪であり、文化の敵だということであった。あくせく働かなければならない者は、普通の生活を享受できなかった。ジョンソン博士は、「あらゆる知的向上は余暇から生まれ、あらゆる余暇は他者のために働く者から生まれる」と述べた。ドゥ・トクビルは、教育を誰にでも無限に与えることが不可能なのは、労働が必要だからだと考えた。彼は所詮人類を労働の義務から解放することはできないのだから、国が国民のすべてを金持ちにできないのと同様、全国民に教育を施すことなど不可能だと信じていた。

　右のような前提は、かつてはあたり前のことであった。しかし、いまやそれがぐらついている。二十世紀になり、豊かさは増し、一生の間に生活のために働く時間は減少した。ほとんどの先進工業国家では、仕事が無くなってしまうのではないかと思われるくらいである。アダムとイブが楽園を追われて以来、働くことは人間の定めとなっている。このように**働くことを習慣づけられてしまった人間を、その習慣から解放したら一体どういうことになるのだろうか**。いまやこのような問いが深刻に議論されるようになったのである。

　一世代前、当代の最も偉大なる経済学者ジョン・メイナード・ケインズは、あと百年もすれば仕事のない西洋がやってくると予言した。彼はそん

な展望を恐ろしいことだと考えた。

なぜ恐ろしいのか

(中略)

ケインズは次のように述べている。

「人間はもともと衝動と本能の面で、経済問題の解決を目的として進化してきた。だから経済問題が解決されたら、人類はその伝統的目的から解放されることになる。でもそれは人間のためになることだろうか。もし人生の真の価値が別にあると信ずるのならば、そのような展望は人間にとってより良い状態への可能性を高めてくれるであろう。人間が数かぎりない世代を通じて骨肉化させてきた習慣や本能を、数十年後に捨てることが必要となるであろうことは確かである。しかし、私は**そのような調整が恐い**のである。……毎日のパンのために汗を流す者には、余暇は待ち望んでいたお菓子と同じである。……しかし、それはそれを手にするまでのことにすぎない。**人類は余暇を獲得すると、真の永遠の問題、つまり、賢こく、楽しく、健康に生きるために、当面の労苦からの自由や科学と複利(福)によって生み出されるであろう余暇をいかに使うかという問題にはじめて直面する**ことになる。……しかし、いかなる国も、またいかなる人にも、余暇と豊富の時代の到来に何の恐怖も抱かないということはないであろう。今日世界のどこにでもみられる富裕階級の行状から判断するならば、見通しは真暗である。」[1]

(中略) もし、ケインズのいうように仕事が人類の「伝統的な目的」であると考えられているのならば、教育機関はその目的の達成に貢献することを期待されるであろう。問題となるのは特定の時と場所において、その目的を達成する最善の方法は何かということであろう。したがって、もし、仕事に焦点をあわせるかわりに、賢こく、楽しく、健康に生きることを目的としようとするならば、そうあらねばならないという信念が、何らかの形で文化の中に拡がっていなければならない。

教育システムは万能ではない（中略）

文化の統制（中略）

どうしたら文化の変革は起るか（中略）

働かない社会の目的

　働くという伝統的目的からの移行が実現したと仮定すれば、それはほとんどあらゆることがらについてのわれわれの観念のすべてを変えてしまうであろう。それはすべての者に、はじめて人間的になるチャンスを提供する。このことは、社会全体が生存について心配することなく、共通の善の発見と実現のために献身できることを意味する。また、われわれが世界国家実現への途上にあるとするならば、──このことは大きな戦争の廃止を意味する──飢餓の恐怖だけでなく、非業の死への恐怖も、人類の心の中から消えていくであろう。

　しかし、社会はどうなるであろう。人間はどのように時をすごすようになるであろうか。（中略）

　人間は本性として、生涯にわたり学習を続けることができるはずである。科学は人間がそのような能力をもっていることを立証している。知的発達において子ども時代が圧倒的に重要であるとしても、成人期に知的発達の機会が無いわけではない。人間性のそう失やぼけることは人生のいかなる時期にも起りうることをわれわれは知っている。**人間的であり続けるための方法は、学習を続けることである。**

　このことが真実である一つの理由は、特定の問題は──しかもそれはすでにみたように最も重要である──経験がなくては理解できず、経験が豊富になるほど、理解力は増すものだということである。知恵は年をとるにつれて身につくという一般の信念は、少くとも統計的な裏づけをもっている。

体系的な学習を止めることは賢こくなるチャンスを奪うことになるのである。

　これまでは働くことが人生の目的であったため、教育や学習は、働くことのための準備だと考えられてきた。教育または学習ははしかのようなものと考えられてきた。だからいったんそれを受けてしまえばもう一度受ける必要はないし、実際にはもう一度受けることはできないことになる。このような考え方は、**教育制度をいくつかの段階に組織化することによってさらに強められてきた。各段階に到達すると、その前の段階は"修了した"**ことになる。そしてもし教育が、**職業、結婚、学位などのための手段的な**ものと考えられているならば、その目的が達成されたときに**教育の役割は終ったことになる。**もし教育が特定の時点で終る、何ものかを得る手段であるならば、教育はその時点をすぎれば無意味となる。

急速な変化

　（中略）アーノルド・トインビーは、歴史という視野から教育の問題を楽観視している。彼は次のようにいう。

　「余暇という贈り物は、それをもらったことのない人々によって悪用されることがあるかもしれない。しかし、文明の発達の過程では少数の有閑なる人々による余暇の創造的な活用が、原始的レベルを越える人間のあらゆる進歩の源泉であった。現代のいまだに古風な産業社会においては、**余暇は、依然として少数の特権階級以外のすべての人々によって、"失業"をもたらすものとして否定的に考えられている。**産業労働者にとって、失業は所得の損失と、もっと悪いことには、自尊心の損失をともなうために悪夢となっている。現代社会においては、失業者は働く社会（ワーキング・コミュニティ）からの追放者のごとく感じている。ギリシャ人は、余暇のなかに人間のあらゆる最大の福利を見い出していた点で、現代人より適切なビジョンをもっていたといえる。……現代社会では、オートメーション時代の到来によって、すべての産業労働者に所得や自尊心や社会的尊敬の損

失をともなわずに豊富な余暇がまもなく提供されようとしているのである。

　このような未曾有の余暇を突然手にすれば、最初のうちはその一部を誤用することは間違いない。しかし、間もなく、正規の成人教育を行うことによって、それをある程度救うことができるであろう。生活の中における無意図的で非組織的な見習い学習は生涯にわたるものである。生活の経験は好むと好まざるとにかかわらずわれわれを教育する。しかし、過去数千年にわたる貧困な文明社会においては、学校教育は、特権階級のばあいでも、せいぜい青年期の終了とともに終るのが普通であった。そしてこのことが不幸な結果をもたらしている。**学生は書物による学習を有効に活用するだけの経験を得ていない段階でそのような学習に食傷させられている。逆に経験が豊かになり、機会さえ与えられれば、書物からもっと多くを学ぶことができるようになるとその機会がなくなってしまう。**未来の豊かな社会においてはすべての成人男女にいつでも定時制の成人教育を提供することができるであろう。すでに、デンマークは農業革命を実現するだけの知見をもった高度に啓発された国民だけあって、そのわずかな利益の一部を、ギリシャ流に、かのすばらしいデンマーク高等学校（これは成人のための学校であって子供のための学校ではない）を設けてボランタリーな成人高等教育を提供することに使ったのである。デンマークの農民は六か月または十二か月のコースを履修するために、何年間も金を貯める。彼らは、自分の経済的地位を向上させるためではなく、自分の教養を高めるために、履修科目を選択することを名誉としている。今日のこのデンマークの制度の中に、われわれは、科学の力で動かされる豊富な機械力によって生みだされるであろう"平和のための原子力"とオートメーションと余暇の時代における全人類に開かれた先進的な教育の姿をみるのである。」[2]

　（中略）

ラーニング・ソサエティ

　さらに一歩進めて、学習社会＝ラーニング・ソサエティを予知すること

ができるであろうか。学習社会というのはすべての成人男女に、いつでも定時制の成人教育を提供するだけでなく、**学習、達成、人間的になることを目的とし、あらゆる制度がその目的の実現を志向するように価値の転換に成功した社会**であろう。これはアテナイ人が行ったことである。彼らは人生各期に万人に定時制の成人教育を提供するようなごく末梢的な努力だけに満足しなかった。彼らは自分たちの社会を、その全成員が自己の能力を最高限度まで発達させることを目ざす社会にしたのである。現代の水準からみれば、また現代の基準に照してみれば、アテナイ人は無学な国民であった。幅広く精緻で高価で高度に組織化された教育課程と近代的な建物は彼らには未知のものであった。彼らは教育制度と呼ばれるものはほとんどもっていなかった。しかし、彼らは人間の教育者であった。アテナイでは教育は、特定の時間、特定の場所で生涯の特定の時期に行われる隔離された活動ではなかった。それは社会の目的であった。**都市が人間を教育した。アテナイ人はパイディア（paideia）すなわち文化によって教育された**のである。

　これは、奴隷制度によって可能になった。アテナイの市民には余暇があった。余暇に当るギリシャ語は現代の学校（スクール）という言葉の語源となっている。アテネの市民は自由な時間を余暇に転換すること、つまり、自由時間を自分と自分の地域社会とを統轄する方法を学ぶ時間に転換するよう期待された。奴隷が彼らに自由な時間を与えてくれた。都市国家のすべての伝統や慣習や制度は、アテナイ人の精神と人格の形成、いいかえれば自由な時間を余暇に転換するようにつくられていた。

　機械は、奴隷がアテナイの恵まれた少数者のために行ったことを、すべての現代人のために行ってくれる。学習社会のビジョン、またはジュリアン・ハックスレーのいう**達成社会（フルフィルメント・ソサエティ）は実現が可能**である。啓発された人間的な世界国家が遂に可能となった。教育はその本来の地位をとりもどすであろう。

価値の転換

　可能性が現実となるか否かは、価値が転換されるか否かにかかっている。テクノロジーがなし得ることは機会を提供するだけである。価値の転換は教育の役割である。誰もが教育機関でリベラルな教育を始め、教育機関で、またはそれ以外のところでリベラルな教育を続けているような社会、真の大学つまり独立した思想と批判のセンターが存在する社会というのは、価値を転換できる社会である。しかし、すでに述べたように、それは価値がすでに転換された社会である。でなければこのような教育の考え方が受け入れられるはずがないであろう。

　人間は自分自身をつくる。人間は環境をつくる。人間は教育制度を含めてさまざまの制度をつくる。教育制度は主として既存の価値を存続させるためにつくられている。生活の実態の究極的な追認によってはじめて既存の価値の再考と教育の新しい価値に向けての再検討がうながされるであろう。したがってとるべき第一歩は生活の実態、いま実現が可能な新しい価値、それの実現に貢献しうる教育の可能性と限界を一般の人々が理解することである。このエッセイの目的はこのような理解に若干の貢献をすることであった。

〔参考文献〕
(1) *Essays in Persuasion* (New York: W.W.Norton, 1963), pp. 358–372.
(2) 'Education in the Perspective of History,' in Gross(ed.), op. cit., pp. 134–135.

〔典拠〕　R.ハッチンス、新井郁男訳「ラーニング・ソサエティ」、新井郁男編（昭和54年）『ラーニング・ソサエティ』至文堂・現代のエスプリNo.146。

特色を挙げてみると、以下のようになる。
(1) 「余暇社会」において、到達目標としての「学習社会」を設定。
(2) 個人に着目して、人々の学習に期待。
(3) 社会に着目して、文化の変革の為に大学に期待。
(4) 全体として楽観的。

第7章

OECDの「リカレント」教育論

> OECDの「リカレント」教育論の訳を読んで、「リカレント」教育論の核心をつかんでみましょう（論内の重要と思われる箇所は、筆者が太字にします）。

序　説
第Ⅰ編　リカレント教育：理念・主要特性・目的
　第1章　リカレント教育の定義と主要特性の定義を目指して
　　　　　　（中略）

リカレント教育システムの主要特性

リカレント教育は、すべての人に対する、義務教育終了後または基礎教育終了後の教育に関する総合的戦略であり、その本質的特徴は、個人の生涯にわたって教育を交互に行うというやり方、すなわち他の諸活動と交互に、特に労働と、しかしまたレジャー及び隠退生活とも交互に教育を行うことにある。

このリカレント教育の定義は、二つの本質的要素を含んでいる。

a）これは、すべての正規の、全日制の教育が青少年に、すなわち5歳、6歳、7歳から実社会にでるまでの年齢層に集中している従来の教育戦略とは異った、別の教育戦略である。またこれは、**個人の義務教育終了後に彼の全生涯にわたって教育を実施することを目的としている**。このように、これは、生涯学習の原則を受け入れるものである。

b）これは、生涯学習が組織される枠組を提示する。この枠組は、**組織**

された学習環境としての教育と他の社会活動（この中で偶発的な学習が行われる）との間の交互実施であり、有効な相互作用である。

　この交互実施制度の正確な性質がいかなるものであれ、それは人の全生涯を通ずる学習の継続であり、交互実施制度の下の教育により取得された組織的学習経験と、他の形態の社会活動で取得された非組織的学習経験とが相互に作用しあって、その人の陶冶が行われるのである。

　この段階では、まだリカレント教育のシステムの詳細な特質を述べることは、できない。しかしながら、現在の正規の教育制度を特徴づけるところの制度化された学校教育を成人に課するということは、リカレント教育の提案には含まれていないことを強調する必要がある。現在の教育制度の欠陥を再びここで取り上げてみるのは、無駄なことであろう。この報告の主要な論点は、青少年―ある人々には14－15歳まで、他のもっと特権を享受する人々には24－25歳まで―に対して与えられてきた**教育機会の本質**が、**すべての人々にその全生涯を通して与えられるべきである**という点にある。このことが一定期間の、また一定種類の"脱学校"を意味し、この目的を達成するためには組織された学校よりも、他の学習状況が一層適当であるということは明白である。

　それであるから、リカレント教育は、義務教育または基礎教育後の教育として理解される成人のための全教育を包摂することをいうのである。それは、現在三つの無関連の教育部門に分かれているものを統合する総合的な別個の戦略である。その三つの無関連の教育部門とは次の通りである。

　a）中等教育の最後の数学年及び中等教育後の教育を含むところの、従来の義務教育終了後の教育システム。

　b）あらゆる種類の、あらゆる段階の現職教育。その大部分は民間によって組織されている。

　c）成人に対して広汎に多面的に与えられる教育という一層限定された意味での成人教育。これらは主として"情報―文化"または"一般教養"の方向を志向している。この原型は、独乙語を話す諸国での"国民高等学

校"Volkschochschulenであり、スカンジナビア地方の"国民高等学校"folkehøjskole及び有志の学習サークルである。その基本的目的は、伝統的に、大多数の国民に対し、特に早期に学校教育を修了した人々に対し、一般文化への接近の機会を与え、これにより、彼らの人格と文化を豊富にするという点にある。

上記の3部門のいずれもプログラムの伝達の主要な手段として、マス・メディアを次第に用いる傾向を示している。リカレント教育が、これらのプログラムを含むことは当然であろう。

（中略）

これら3部門とは別に、しかしこれらに密接に関連して、一連の**"第2のチャンスを与える"成人向けのプログラムが存在することを附け加えて置かなければならない**。これらのプログラムでは、義務教育終了後の正規の学校教育と、特に未開発の地域では、義務教育そのものと等しいと認める教育資格が成人に与えられる。

（中略）

各国が優先権を与える教育目的及び社会目的が異るのに従って、リカレント教育のシステムは国ごとに異るであろう。しかしながら、リカレント教育のシステムを構築する上で尊重されるべき原則ならびに考慮されるべき制約は、現行の教育制度が国によって異る程には異らないであろうと信ずべき充分な理由がある。

リカレント教育システムは、社会一般と、はるかに緊迫した相互作用を営むであろう。それは、労働とレジャーに影響を与える。また、社会的、経済的、労働市場的諸政策との緊密な調整がなければ、それを導入することは困難であろう。これらの政策がその中で実現される諸制約は、すべての先進国で一層類似したものとなってきている。

（中略）

特定の国家の置かれた状況とは無関係に、同一の基本的原則が、リカレント教育の諸分野を実現させる上の指針となるべきである。これらの原則

は次の通りである。

　a）**義務教育の最後の数学年は、各生徒が修了後、勉学と労働のいずれかをほんとうに選択できるようにする**カリキュラムを含むべきである。

　b）義務教育修了後においては、各個人にその全生涯の適当な時期に、**義務教育修了後の教育を受けられる機会を保証する**ようにすべきである。

　c）施設の配置は、すべての個人が、できるだけその**必要とする所と時期において教育を受けることを可能にする**ように考慮されるべきである。

　d）**労働その他の社会的経験は、入学規則及びカリキュラム作成の基礎的要素**とみなされるべきである。

　e）職業的経歴を断続的な方法で――すなわち**教育と職業を交互に行う方法で**――追求することが可能でありかつ重要であると考えるべきである。

　f）カリキュラムの構造と内容及び教授法は、関係のある諸グループ（学習者、教師、行政官等）が協力して策定されなければならず、異った年齢層、異った社会集団の関心と動機に適応するように考慮されなければならない。

　g）学位や免許状は、教育歴の最終的結果とみなすべきではなく、むしろ生涯教育及び生涯にわたる**職業的、人格的発達の過程における段階または指針**と考えるべきである。

　h）義務教育を修了した暁には、そのような個人は、職業的、社会的保障を与えることによって**教育のための休暇をとる権利**が与えられなければならない。

　（中略）

　第2章　リカレント教育と教育目的（以下本文略）

第Ⅱ編　リカレント教育：その教育的・社会的関連
　第1章　現行の教育制度との関連
　第2章　教育政策とその他の政策との統合
　第3章　リカレント教育に関する計画と研究

結　論

〔典拠〕1973年 OECD 報告、文部省大臣官房調査統計課訳『リカレント教育―生涯学習のための戦略―』。

特色を挙げてみると、以下のようになる。
(1) 教育、労働、余暇、隠退を「リカレントモデル」に配置するように提唱。
(2) 教育機会の第2（第3）のチャンスを与える。
(3) 教育政策だけでなく、諸政策を統合しようとしている。
(4) P．ラングラン、ハッチンスに比べて具体的。

　第1部－4・5・6・7章でみてきた論は、実態のみを記述したものではなく、理念的要素が強いものである。また、今後実現したいという未来志向があるものである。したがって、それらが本格的に実現するか否かは、私たちの選択にかかっていると言える。生涯教育・学習は、それに賛同した人々により、創っていくものなのである。

★考えてみよう
　①わが国の公的な生涯教育・学習行政は、P．ラングラン、ハッチンス、OECDのどれをとっていますか。
　②あなたに、最も訴えかけてきた生涯教育・学習論は、どれでしょうか。どのような意味で、最も訴えかけてきましたか。
　③わが国の生涯教育・学習の現状は、P．ラングラン、ハッチンス、OECDの抱いた理念に近いと思いますか、遠いと思いますか。
　④P．ラングラン、ハッチンス、OECDそれぞれの生涯教育・学習論の共通点・相違点を考えてみよう。
　⑤P．ラングラン、ハッチンス、OECDそれぞれの生涯教育・学習論の長所・短所を考えてみよう。

第8章
OECDの「リカレント」教育論の本格的実現へ向けての課題

> 現在、わが国では、リカレント教育という言葉をわが国なりに使用しています。わが国において、OECDの「リカレント」教育論を本格的に実現する際に、検討する課題があるのかを考えてみましょう。

I．OECDの「リカレント」教育論と他の生涯教育・学習論との違い

　OECDの「リカレント」教育論は、以下のように他の生涯教育・学習論との相違点がある。
(1)　UNESCOとの組織上からみた大きな違い
　　OECDは、経済成長、社会発展という枠組みの中で、教育を政策的な検討・研究の対象とする為、「リカレント」教育論もそうした性格を帯びる。
(2)　「生涯教育」という考え方に対して
・「教育」は、他の活動から一定の距離をとることを必要とするので、不断に継続するわけにはいかない。したがって、「継続教育」、「生涯教育」という概念は、意味不明確と指摘。
・「生涯にわたる」教育という理念は、生涯教育の機会をいかに実現するかについて曖昧にしたままであると指摘。
(3)　ハッチンスとの大きな違い
　　具体的。
(4)　「生涯学習」に対して
・偶発的・非定型的な「生涯学習」では間に合わない。したがって、組織的・意図的な教育機会（「リカレント」教育）に置き換えることが必要と指摘。

(5) 特徴的な点
① 「教育機会の均等」から出発している点
　当初から、中等教育、中等後教育の直線的かつ無限に続く延長・拡大が深刻な教育危機をもたらすという認識があった。
② 経済・社会政策、労働市場に関する諸政策との調整、さらには法的、政治的、行政上の変革の必要を明確に述べている点
③ 教育改革としての巨大さ、長期性、周到さの必要を指摘している点

Ⅱ．現代わが国の「リカレント」教育の受け入れの流れと現状

1．現代わが国の「リカレント」教育の受け入れの流れ

　現代わが国の「リカレント」教育の受け入れの流れをまとめると、以下のようになる。
- 昭和56年6月、中央教育審議会答申「生涯教育について」で、「リカレント」教育の考え方を示した。→直ちにわが国に導入とはならなかった。
- 生涯教育・学習の影響も多分にあったと思われるが、「大学改革」がキーワードとして登場した。
- 大学改革に関しては、まず昭和59年に臨時教育審議会（以下、臨教審と略称）が設置され、同60年6月～同62年8月に、臨教審第一次～第四次答申が出された。答申は大学に関して、大学教育の充実と個性化、大学院の充実と改革、大学審議会の創設等、多岐にわたる提言を載せた。また、第四次答申（最終答申）は、明治近代学校制度の導入、戦後教育改革に次ぐ第3の「平時の改革」を打ち出し、「大学は概して閉鎖的であり、機能が硬直化し、社会的および国際的要請に十分こたえていない」点を指摘した。
- 昭和61年5月、文部省は臨教審答申を受け「大学改革協議会」を発足させた。
- さらに、昭和62年9月に、文部省は大学審議会を設置し、高等教育の高度化、個性化、活性化等に向けた改革方策について検討し、以後多数の答申等を行っている（例．平成3年2月、答申「大学教育の改善について」。同年5月、

答申「大学設置基準等及び学位規則の改正について」→大学設置基準等が改正〈同年6月〉・施行〈同年7月〉）。
・臨教審答申以後の生涯教育・学習関係の大きな動きとしては、昭和63年7月の文部省生涯学習局設置、平成2年の『生涯学習の振興のための施策の推進体制等の整備に関する法律』制定・公布がある。
・平成3年、文部省は全国4地域（神奈川県等）を指定し、「リカレント教育推進事業」を行った。
・平成4年7月、生涯学習審議会はわが国の「リカレント」教育の定義（後述）を明らかにし、そこでリフレッシュの考えを示した。
・平成5年11月、文部省は、大学側委員、産業界側委員、有識者からなる「リフレッシュ教育推進協議会」を設置し、以降リフレッシュ教育プログラムの実験研究実施大学の指定と実験、衛生通信を利用したリフレッシュ教育の実験、等を行っている。
・近年の文部科学省のホームページをみると、「リカレント」教育は、多様な状況に対して使用されてきていることがわかる。
・文部科学省等関係4府省が策定した若年失業者対策「若者自立・挑戦プラン」により、平成16年から実施している「フリーター再教育プラン」「キャリア高度化プラン」等は、リカレント教育に関する取り組みとされている。

2．わが国の「リカレント」教育

現代わが国では、「リカレント」教育を「職業人を中心とした社会人に対して学校教育の修了後、いったん社会に出た後に行われる教育であり、職業から離れて行われるフルタイムの再教育のみならず、職業に就きながら行われるパートタイムの教育も含む。」（生涯学習審議会答申『今後の社会の動向に対応した生涯学習の振興方策について』（平成4年7月））と定義している。

また、機能として、①社会の変化に対応する、専門的で高度な知識・技術キャッチアップやリフレッシュのための教育機能、②既に一度学校や社会で学ん

だ専門分野以外の幅広い知識・技術や、新たに必要となった知識・技術を身に付けるための教育機能、③現在の職業や過去の学習歴・学習分野に直接のかかわりのない分野の教養を身に付け、人間性を豊かにするための教育機能、を指摘している（同上）。

OECD 提唱の「リカレントモデル」は、教育、労働、余暇、隠退を自由に組み合わすことのできるダイナミックな発想であり、教育は労働から離れることになっていた。しかし、このモデルはわが国の現状からほど遠い発想である為か、わが国の定義は、「職業に就きながら行われるパートタイムの教育も含む」が入るなど、より縮小されたものとなっている。

3．わが国のリフレッシュ教育

わが国では、リフレッシュ教育を「社会人・職業人が、新たな知識・技術を修得したり、陳腐化していく知識・技術をリフレッシュするため、高等教育機関（大学院・大学・短期大学・高等専門学校）において行う教育」（文部省編（平成6年）『リフレッシュ教育―社会人に開かれた大学ガイド―（学部編）』ぎょうせい）と定義している。また、これを「リカレント」教育に含まれる（同上）と位置づけている。

リフレッシュ教育の為の大学の制度として、①社会人特別選抜入試、②夜間大学院・夜間学部（学科）、③昼夜開講制、④大学通信教育・放送大学、⑤３年次編入学、⑥聴講生、研究生等の制度、⑦科目等履修生制度、⑧大学院における入学資格・修業年限の弾力化、⑨学位授与機構の創設、を挙げている。

しかし、④⑥など、「リカレント」教育論提唱以前からのものをいくつか取り入れて、そのままリフレッシュ教育としている側面がある。また、"リフレッシュ"のみが強調されると、OECD の「リカレント」教育論の主張の核心（第Ⅰ部－２章－図１の「リカレントモデル」にすること）からそれる可能性もある。

4．現代わが国の「リカレント」教育の現状の再検討

現代わが国の「リカレント」教育の現状に対しては、以下の観点から再検討する必要があると思われる。

(1) 第Ⅰ部－2章－図1の「リカレントモデル」になっているか？ なっていないままで、多様な状況に対する対策の言葉として「リカレント」教育が使用されていないか？
(2) 旧来の大学公開講座等と大きな違いがあるか？
(3) 平成3年、文部省が全国4地域（神奈川県等）を指定し、「リカレント教育推進事業」を行ったものは、委嘱された地域が、委嘱された期間のみ行うことになりやすい傾向になっていなかったか？

Ⅲ．現代わが国の「リカレント」教育の課題

1．より大きな課題

わが国で、OECDの趣旨に合った「リカレント」教育論を本格的に実現するのには、まだ次のような課題が残っていると考えられる。
(1) 年齢輪切り体制、終身雇用制、年功序列制度、職場での勤労意識、リストラへの不安、等からくる職場から離れることの抵抗感をどうするか。
(2) 大学の理解をどう得ていくか。
(3) 企業（雇用者、上司、同僚）の理解をどう得ていくか。
(4) 一般の人々の理解をどう得ていくか。
(5) 具体的な財政をどうするか。
(6) OECD提唱の「リカレントモデル」自体の理論的つめの甘さ（例．学習の累積化の問題）をどう乗り越えるか。

2．5W2Hの確認からみた課題

また、5W2Hの観点からみても、検討する必要のある課題は多いと思われる。以下に、5W2Hごとに、第2の教育以降の教育を検討してみよう。
(1) いつ（いつから第2の教育を受けられるようにするか）
  ・OECDは、義務教育終了後。
  ・わが国では、中等教育後にするのか高等教育後にするのか。

(2) どこで（どこで教育を受けられるようにするか）
　・わが国における現状からは高等教育機関中心か。
　・職場、行政機関、教育機関・施設が参入する場合には、連絡・調整役をどこが行うかを明確にすることが重要になる。
　・「リカレント」教育に関わる省庁間の調整をするような調整機関を設置するという大がかりなことも必要になるのではないか。
(3) 誰が・どれだけ（誰がどれだけ受けるか）
　以下の考え方の例のどれを想定するか。
　①受けてきた学校教育の期間に反比例した期間の「リカレント」教育が受けられるとする考え方。
　②受けてきた学校教育の期間の長短にかかわらず、全ての者が等しい期間の「リカレント」教育が受けられるとする考え方。
　③学習到達度が高くかつ学習意欲の高い者が、より高度なレベルの教育内容を習得できるまで受けられるとする考え方。
　④職業・職種に応じて、「リカレント」教育の期間を設定しようとする考え方。
　⑤失業者、半失業者が、失業期間に「リカレント」教育を受けられるとする考え方。
　⑥誰にも受ける権利があり、受けるも受けないも全て本人の意志にまかせるとする考え方。
　⑦その他の考え方。
(4) 何を（何を学べるようにするのか）
　何を学べるようにするのかは、時代状況や社会状況により絶えず検討する必要があると思われる。これまでに指摘されている何をは、以下のように主体によって、異なっている。
　①前掲、文部省編『リフレッシュ教育―社会人に開かれた大学ガイド―（学部編）』では、「融合領域、学際領域の知識・技術の必要性」「基礎研究の重要性」を指摘。

②神奈川地域リカレント教育推進協議会（平成5年）『神奈川県内高等教育機関のリカレント教育事業及び公開講座に関する調査結果の概要』における「リカレント」教育講座の開設目的は、「先端科学・技術に関する情報提供」(55.6%)、「高度の専門的（職業）能力の育成」(30.6%)、「研究・教育機能の社会への開放」(11.1%)。

③同上における「リカレント」教育講座数上位の内容は、「工業科学・技術」(38.9%)、「社会・経済・経営科学」(36.1%)、「医療・保健・食品科学」(16.7%)。

④千葉地域リカレント教育推進協議会のリカレント学習機会に関するニーズ調査では、希望する声が高い学習コースは、「人間関係・人事・労務問題」「コンピュータ・情報処理」「経営管理」「安全衛生・福祉」。

(5) 何の為に（何の為に「リカレント」教育を実施するのか）

何の為に「リカレント」教育を実施するのかを、もう1度OECDの問題意識に求めてみると、以下の点が指摘できる。

①中等教育における疾患

中等教育における教員・学生に、怠慢と無関心の雰囲気がある。

②約18年の継続した教育

約18年の長期にわたる教育は、青少年を社会から隔離している。青少年のみが提供できる特有の貢献を奪っている。

③高度な技術を身につけた人材の需給関係の不均衡

高等教育への入学時と高等教育からの就職時の間に、時間差がある。したがって、就職時に高等教育から供給したい人数と、求人数との間に開きが出てしまう。

④成人教育部門への需要が満たされていない

成人への機会均等になっていない。成人への第2のチャンスを与えていない。

⑤知識の拡張、知識の陳腐化の速さ

知識の拡張、知識の陳腐化の速さに対して、学校教育の年限を延長するこ

とにより対応してきた。しかし、学校教育の年限の延長ではなく、個人が生涯を通じて、知識を吸収したり、制御したりできるようにするべきである。

⑥世代間格差の是正

青少年と教育を受けてこなかった人々との間の教育格差を無くすべきである。年長者にも資金を使用して、青少年との間の橋渡しをする必要がある。

(6) どのように

「リカレントモデル」の形で行う。

(7) いくらで

「リカレント」教育を本格的に推進するには、最も大きな問題と思われる具体的な財政の問題をクリアする必要がある。財政に関しては、より組織的・計画的な準備が必要と思われる。以下、市川昭午の研究[1]を基に、財政の問題を、財政施策と、「有給教育休暇制度」の為の経費負担、の２つに絞って以下に整理しまとめてみる。

〈課題１－財政施策〉

財政に関して、市川は、次のような選択肢を挙げている。

①貸費制奨学金

教育サービスは、市場の需給関係で決まる競争価格で提供され、その費用はサービスの購入者が全額負担することを原則とするが、負担能力のない者は、所要の資金を借用することができ、学習修了後一定期間にわたり返却するシステム。

②給費制奨学金

義務教育以後、特に中等以後の教育訓練を受ける人に一定金額の補助金が支給されるシステム。

③教育減税

「リカレント」教育参加者に対する租税を軽減する方策。

④教育保険

労使が賃金の一定割合を拠出し、有給教育休暇に要する費用を賄う制度。

⑤教育基金制度

　政府と民間の中間に位置し、公共性と自律性を有する第三セクター的機関が、主に企業から徴収する資金をプールし、教育訓練の事業ないしは機関の補助にあてると同時に、教育訓練参加者の所得補償を行うシステム。

〈課題2－「有給教育休暇制度」の為の経費負担〉

「有給教育休暇制度」を受ける場合の経費負担に関して、以下のことを述べている。

①仮の試算
　・全労働力人口の職業従事期間　　　　　……　40年
　・雇用者及び個人業主の国民所得分配率　……　80%

　ア．全労働力人口が、その職業従事期間を通じて、合計1年の教育休暇をとる場合、

　　　国内総生産（GDP）の減額　……　$0.80 \times \dfrac{1}{40} = 0.02（2％）$

　　→　これを、全就業人口が稼得高に応じて分担するとすれば、収入の2.5%を拠出する必要。

　イ．全労働力人口が、その職業従事期間を通じて、合計2年の教育休暇をとる場合、

　　　国内総生産（GDP）の減額　……　$0.80 \times \dfrac{2}{40} = 0.04（4％）$

　　→　これを、全就業人口が稼得高に応じて分担するとすれば、収入の5%を拠出する必要。

②教育休暇を失業対策、景気対策として用いるという考え方の提唱

　ア．失業者、半失業者を優先的に対象とすれば、国内総生産はさほど減少しない。

　イ．失業期間が、教育休暇期間に転換するだけなら、失業手当が教育休暇手当に変化するだけで、経費負担はあまり重くならない。

　ウ．好況期に教育休暇基金を蓄積し、不況期にこれを休暇手当として放出

すれば、景気循環対策として効果がある。

Ⅳ．まとめ

　現代わが国の「リカレント」教育の現状は、2章−図1のような「リカレントモデル」にはなっていないという点で、まだOECDの「リカレント」教育論を本格的に実現できているとは言えない。
　「リカレント」教育論を本格的に実現する場合には、「Ⅲ．現代わが国の『リカレント』教育の課題」でみたように、多くの課題があるように思われる。
　特に、具体的な財政の問題は避けて通れないと思われる。上記の市川による研究の課題1に挙げたように、私たちの選択が必要になることがある。また、課題2にあるところの「有給教育休暇制度」を受ける場合の経費負担を仮に国民が負うことにする場合に、国民のコンセンサスが得られるかどうかの問題も出てくるであろう。
　多くの課題・問題があるものの、「リカレント」教育論には多くの可能性があり、私たちの選択次第によっては、その本格的な実現に近づくと思われる。本格的な実現には、国民も含めた議論が必要になると思われる。

　　　　　［注］
(1) 市川昭午（昭和56年）『生涯教育の理論と構造』教育開発研究所。

★考えてみよう
　①OECDの「リカレント」教育論を本格的に実現するには、どのようにしたらよいかを考えてみよう。

★読んでみよう
　①市川昭午（昭和56年）『生涯教育の理論と構造』教育開発研究所。

第9章

『生涯学習振興法』(1)

> わが国では、平成2年6月に、『生涯学習の振興のための施策の推進体制等の整備に関する法律』(略して『生涯学習振興法』)が成立しました。『生涯学習振興法』の条文を解釈して、国の指針を理解しましょう。

I．『生涯学習の振興のための施策の推進体制等の整備に関する法律』(平成2年6月) 成立の意義

『生涯学習振興法』成立には、以下の意義があった。
①文部省(法成立時の名称)を中心に、政府全体で取り組んできた生涯学習行政を大きく進展させた。
②都道府県の「地域生涯学習振興基本構想」、「生涯学習推進(基本)構想」「生涯学習推進計画」(この名称は、全ての地方公共団体で一致しているわけではないが、本書では、統一してこのように呼称する)に法的根拠、指針を与えた。
③行政努力の方向性、可能性が示された。

II．『生涯学習振興法』をみる際の留意点

『生涯学習振興法』をみる際には、以下の留意点がある。
①唯一の法律でもなく、基本法でもない。
②生涯学習の振興のための施策を全て網羅したものではない。「例えば、職業能力の開発及び向上、社会福祉等のように国及び地方公共団体において別に講じられる種々の施策を前提としつつ、これらの施策と相まって新法に規定

する施策を効果的に行うよう努める必要がある」(「生涯学習の振興のための施策の推進体制等の整備に関する法律等について」(平成2年9月28日　各都道府県知事、各都道府県教育委員会あて　事務次官通達)(以下、「法律等について」と略称)の「三　留意事項」)ことを明記。
③当面、文部省(法成立時の名称)主導により実現可能で実現の必要のある部分を示した限定的なものである。
④今後、多くの省庁の生涯学習事業にわたる基本法を作成する必要もあるかもしれない。

Ⅲ.『生涯学習振興法』の条文解釈

以下に、平成14年3月改正後の『生涯学習振興法』の条文解釈を試みる。

1．第1条

> (目的)
> 第1条　この法律は、国民が生涯にわたって学習する機会があまねく求められている状況にかんがみ、生涯学習の振興に資するための都道府県の事業に関しその推進体制の整備その他の必要な事項を定め、及び特定の地区において生涯学習に係る機会の総合的な提供を促進するための措置について定めるとともに、都道府県生涯学習審議会の事務について定める等の措置を講ずることにより、生涯学習の振興のための施策の推進体制及び地域における生涯学習に係る機会の整備を図り、もって生涯学習の振興に寄与することを目的とする。

○主語は「法律は」、述語は「目的とする」である。法の目的は、「生涯学習の振興に寄与すること」である。
○主語と、法の目的を述べた箇所の間に、『生涯学習振興法』が必要とされる背景と、後の条文で言及する3施策の概要と、3施策の意図、を述べている。
　・背景……「国民が生涯にわたって学習する機会があまねく求められている」。
　・3施策の概要
　　①「生涯学習の振興に資するための都道府県の事業に関しその推進体制の

整備その他の必要な事項を定め」る（第3条・第4条）。具体的には、「生涯学習推進（基本）構想」「生涯学習推進計画」（第Ⅰ部‐11章で後述）について定めること。

②「特定の地区において生涯学習に係る機会の総合的な提供を促進するための措置について定める」（第5条・第6条・第8条）。具体的には、「地域生涯学習振興基本構想」（第Ⅰ部‐10章で後述）について定めること。

③「都道府県生涯学習審議会の事務について定める等の措置を講ずる」（第10条）。

・3 施策の意図……「生涯学習の振興のための施策の推進体制」（第3条・第4条、第10条・第11条）及び「地域における生涯学習に係る機会」（第5条・第6条・第8条）「の整備を図」る。

2．第2条

> （施策における配慮等）
> 第2条　国及び地方公共団体は、この法律に規定する生涯学習の振興のための施策を実施するに当たっては、学習に関する国民の自発的意思を尊重するよう配慮するとともに、職業能力の開発及び向上、社会福祉等に関し生涯学習に資するための別に講じられる施策と相まって、効果的にこれを行うよう努めるものとする。

○国及び地方公共団体への2つの規定

①「国民の自発的意思を尊重するよう配慮する」
→『日本国憲法』、『教育基本法』の理念に従い、生涯学習行政の基本精神を確認。

②「職業能力の開発及び向上、社会福祉等に関し生涯学習に資するための別に講じられる施策と相まって、効果的にこれを行うよう努める」

○上記②について

・②は、国の公式解釈と見てよい。例えば、国会における労働省の答弁では、「職業能力開発」は労働省が責任をもって推進していき、「職業能力開発」は生涯学習の中の大きな要素のひとつであるので、『生涯学習振興法』で

行われる諸施策と十分連携をとって進めてまいりたいという趣旨のことが述べられた。厚生省、農林水産省の答弁も同様。
・「別に講じられる」とあるが、「職業能力開発」、「社会福祉」が生涯学習からはずされているのではという懸念は成り立たない。
・第1条の3施策以外でも、『生涯学習振興法』で規定されていない他の諸施策と連携し、相乗効果を生むことをねらっている。
・縦割り行政の為、実際はうまく連携がとれていないこともある。

3．第3条・第4条

> （生涯学習の振興に資するための都道府県の事業）
> 第3条　都道府県の教育委員会は、生涯学習の振興に資するため、おおむね次の各号に掲げる事業について、これらを相互に連携させつつ推進するために必要な体制の整備を図りつつ、これらを一体的かつ効果的に実施するよう努めるものとする。
> 　一　学校教育及び社会教育に係る学習（体育に係るものを含む。以下この項において「学習」という。）並びに文化活動の機会に関する情報を収集し、整理し、及び提供すること。
> 　二　住民の学習に対する需要及び学習の成果の評価に関し、調査研究を行うこと。
> 　三　地域の実情に即した学習の方法の開発を行うこと。
> 　四　住民の学習に関する指導者及び助言者に対する研修を行うこと。
> 　五　地域における学校教育、社会教育及び文化に関する機関及び団体に対し、これらの機関及び団体相互の連携に関し、照会及び相談に応じ、並びに助言その他の援助を行うこと。
> 　六　前各号に掲げるもののほか、社会教育のための講座の開設その他の住民の学習の機会の提供に関し必要な事業を行うこと。
> 2　都道府県の教育委員会は、前項に規定する事業を行うに当たっては、社会教育関係団体その他の地域において生涯学習に資する事業を行う機関及び団体との連携に努めるものとする。

○第3条・第4条は、都道府県の事業とその推進体制の整備について規定。
○第3条第1項各号（一〜六）の事業の具体的な内容は、「法律等について」と「生涯学習の振興に資するための都道府県の事業の推進体制等の整備に関する基準」（平成3年2月7日　文部省告示第5号）（以下、「基準」と略称）で示された。ここでは、前者により具体的な内容をみてみると、以下のようになる。

①情報の収集・整理・提供

「住民の学校教育、社会教育に係る学習(体育に係るものを含む。)及び文化活動の機会に関する情報を収集し、住民の利用の便宜に即して整理を行い、住民に対して提供すること。／提供される情報の内容としては、例えば、講座に関するもの、指導者に関するもの、青少年団体等の団体に関するもの、公民館等の施設の利用に関するもの、教材に関するもの等があること。」

②学習需要に関する調査研究

「住民の学習意欲、希望する学習機会の内容方法等の学習に関する需要について調査し、必要な学習機会の在り方等について研究すること。」

③学習成果の評価に関する調査研究

「都道府県、市町村及び公民館等の機関において実施されている住民の学習成果の評価の実態や評価結果を地域の学習活動の指導者の採用・登録の参考にするなどの評価の活用の実態・在り方等について調査研究を行うこと。」

④学習の方法の開発

「住民の年齢、時間的制約、学習目的や当該地域の地理的事情等の諸条件に適合した学習のカリキュラム、教材、指導方法等を開発すること。」

⑤指導者及び助言者に対する研修

「住民の学習に関する指導者・助言者に対して生涯学習の振興のための施策、学習に対する住民の需要、学習の機会等、生涯学習の推進の上で必要な事項等に関する研修を行うこと。」

⑥機関及び団体相互の連携に関する相談、照会、助言その他の援助

「学校、公民館、博物館、美術館、体育施設等の学校教育、社会教育及び文化に関する機関やPTA、青少年団体、文化団体等の学校教育、社会教育及び文化に関する団体の相互の連携を図るため、関係者からの相談、照会に応じたり、必要な助言、あっせん、事例集の作成、連携のための協議の場の設定等の援助を行うこと。」

⑦社会教育のための講座の開設その他の住民の学習の機会の提供に関し必要な事業

「社会教育のための高度で体系的な講座の開設、④の事業により開発された教材、カリキュラムを導入した先導的な講座の開設、住民の各種の学習活動への施設の提供、生涯学習に関する集会の開催等を行うこと。」

> (都道府県の事業の推進体制の整備に関する基準)
> 第4条　文部科学大臣は、生涯学習の振興に資するため、都道府県の教育委員会が行う前条第一項に規定する体制の整備に関し望ましい基準を定めるものとする。
> 2　文部科学大臣は、前項の基準を定めようとするときは、あらかじめ、審議会等(国家行政組織法(昭和二十三年法律第百二十号)第八条に規定する機関をいう。以下同じ。)で政令で定めるものの意見を聴かなければならない。これを変更しようとするときも、同様とする。

○第4条の「望ましい基準」は、「基準」として出された。

第10章

『生涯学習振興法』(2)

> わが国では、平成2年6月に、『生涯学習の振興のための施策の推進体制等の整備に関する法律』(略して『生涯学習振興法』)が成立しました。『生涯学習振興法』の条文を解釈して、国の指針を理解しましょう。

4．第5条・第6条・第8条

（地域生涯学習振興基本構想）
第5条　都道府県は、当該都道府県内の特定の地区において、当該地区及びその周辺の相当程度広範囲の地域における住民の生涯学習の振興に資するため、社会教育に係る学習（体育に係るものを含む。）及び文化活動その他の生涯学習に資する諸活動の多様な機会の総合的な提供を民間事業者の能力を活用しつつ行うことに関する基本的な構想（以下「基本構想」という。）を作成することができる。
2　基本構想においては、次に掲げる事項について定めるものとする。
　一　前項に規定する多様な機会（以下「生涯学習に係る機会」という。）の総合的な提供の方針に関する事項
　二　前項に規定する地区の区域に関する事項
　三　総合的な提供を行うべき生涯学習に係る機会（民間事業者により提供されるものを含む。）の種類及び内容に関する基本的な事項
　四　前号に規定する民間事業者に対する資金の融通の円滑化その他の前項に規定する地区において行われる生涯学習に係る機会の総合的な提供に必要な業務であって政令で定めるものを行う者及び当該業務の運営に関する事項
　五　その他生涯学習に係る機会の総合的な提供に関する重要事項
3　都道府県は、基本構想を作成しようとするときは、あらかじめ、関係市町村に協議しなければならない。
4　都道府県は、基本構想を作成しようとするときは、前項の規定による協議を経た後、文部科学大臣及び経済産業大臣に協議することができる。
5　文部科学大臣及び経済産業大臣は、前項の規定による協議を受けたときは、都道府県が作成しようとする基本構想が次の各号に該当するものであるかどうかについて判断するものとする。

一　当該基本構想に係る地区が、生涯学習に係る機会の提供の程度が著しく高い地域であって政令で定めるもの以外の地域のうち、交通条件及び社会的自然的条件からみて生涯学習に係る機会の総合的な提供を行うことが相当と認められる地区であること。
　二　当該基本構想に係る生涯学習に係る機会の総合的な提供が当該基本構想に係る地区及びその周辺の相当程度広範囲の地域における住民の生涯学習に係る機会に対する要請に適切にこたえるものであること。
　三　その他文部科学大臣及び経済産業大臣が判断に当たっての基準として次条の規定により定める事項（以下「判断基準」という。）に適合するものであること。
(6、7、8は略)
　（判断基準）
第6条　判断基準においては、次に掲げる事項を定めるものとする。
　一　生涯学習に係る機会の総合的な提供に関する基本的な事項
　二　前条第一項に規定する地区の設定に関する基本的な事項
　三　総合的な提供を行うべき生涯学習に係る機会（民間事業者により提供されるものを含む。）の種類及び内容に関する基本的な事項
　四　生涯学習に係る機会の総合的な提供に必要な事業に関する基本的な事項
　五　生涯学習に係る機会の総合的な提供に際し配慮すべき重要事項
2　文部科学大臣及び経済産業大臣は、判断基準を定めるに当たっては、あらかじめ、総務大臣その他関係行政機関の長に協議するとともに、文部科学大臣にあっては第四条第二項の政令で定める審議会等の意見を、経済産業大臣にあっては産業構造審議会の意見をそれぞれ聴かなければならない。
(3、4は略)
第7条　（基本構想の変更）は、削除。
　（基本構想の実施等）
第8条　都道府県は、関係民間事業者の能力を活用しつつ、生涯学習に係る機会の総合的な提供を基本構想に基づいて計画的に行うよう努めなければならない。
2　文部科学大臣は、基本構想の円滑な実施の促進のため必要があると認めるときは、社会教育関係団体及び文化に関する団体に対し必要な協力を求めるものとし、かつ、関係地方公共団体及び関係事業者等の要請に応じ、その所管に属する博物館資料の貸出しを行うよう努めるものとする。
3　経済産業大臣は、基本構想の円滑な実施の促進のため必要があると認めるときは、商工会議所及び商工会に対し、これらの団体及びその会員による生涯学習に係る機会の提供その他の必要な協力を求めるものとする。
(4、5は略)
第9条（負担金についての損金参入の特例）は、削除。

〇第5条より、本法律で言う「地域生涯学習振興基本構想」とは、「当該都道

府県内の特定の地区において、当該地区及びその周辺の相当程度広範囲の地域における住民の生涯学習の振興に資するため、社会教育に係る学習（体育に係るものを含む。）及び文化活動その他の生涯学習に資する諸活動の多様な機会の総合的な提供を民間事業者の能力を活用しつつ行うことに関する基本的な構想」のこと。

○第5条第2項第四号の「政令で定める……業務」は、次の『生涯学習の振興のための施策の推進体制等の整備に関する法律施行令』(平成2年6月29日　政令第194号) 第1条に書かれた。

　「一　法第五条第二項第三号に規定する民間事業者に対し、生涯学習に係る機会の提供を行うために必要な資金の借入れに係る債務の保証を行うこと。
　　二　生涯学習に係る機会の提供に従事する者に対する研修を行うこと。
　　三　生涯学習に係る機会に関する広報活動を行うこと。
　　四　生涯学習に係る機会に対する需要に関する調査研究を行うこと。
　　五　前各号に掲げる業務に附帯する業務を行うこと。」

○疑問1　都道府県が策定する構想の内容について国が決めるのはどうしてか。

　現在、教育、文化、スポーツ、等に関する施設（ハード面）は整備されてきているが、事業（ソフト面）の質的な面に地域格差がある。

　基本構想に係る地区に、質のよい講演会、文化イベント、スポーツ大会、等の公的な学習機会を提供できる拠点を設けることにより、それを呼び水として、民間事業者、企業等も事業を行い、地方における各種学習機会を質的に向上させていこうとしていると考えられる。

○疑問2　特定の地区の生涯学習の振興は、地域格差につながらないか。

　特定の地区は、「交通条件及び社会的自然的条件」を考慮して設定されるものであり、特定の地区の学習機会を利用するのは、「当該基本構想に係る地区及びその周辺の相当程度広範囲の地域における住民」全体である。また、特定の地区の生涯学習の振興による波及効果もねらっている。

○疑問3　経済産業省が、文部科学省と並んで共管となっているのはなぜか。

「地域生涯学習振興基本構想」については、「民間事業者の能力を活用しつつ行う」ことに重点を置いている。

なお、必要に応じて「関係行政機関の長」(第5条第6項・第6条第2項)と協力する体制となっている。

5．第10条～第11条

> （都道府県生涯学習審議会）
> 第10条　都道府県に、都道府県生涯学習審議会（以下「都道府県審議会」という。）を置くことができる。
> 2　都道府県審議会は、都道府県の教育委員会又は知事の諮問に応じ、当該都道府県の処理する事務に関し、生涯学習に資するための施策の総合的な推進に関する重要事項を調査審議する。
> 3　都道府県審議会は、前項に規定する事項に関し必要と認める事項を当該都道府県の教育委員会又は知事に建議することができる。
> 4　前三項に定めるもののほか、都道府県審議会の組織及び運営に関し必要な事項は、条例で定める。

○第1条の3施策の③つ目について規定。
○第10条では、都道府県の生涯学習審議会を「置くことができる」とし、各都道府県の自主性を重んじて必置義務にしていない。しかし、相当数の都道府県で設置が行われているので、本法律の影響は大きいと思われる。
○疑問4　「都道府県生涯学習審議会」は、教育委員会と知事部局のどちらに置くべきか。

　法には規定されていないので、各都道府県の実情に応じてより効果的な方に置くのがよいが、法全体の基調や第3条第2項に課せられた都道府県教育委員会の役割等を考慮すれば、教育委員会に置くのもよいと考えられる。しかし、いずれにせよ、教育委員会と知事部局の連携・協力が必要となる。
○「都道府県生涯学習審議会」に対する諮問をする主体について（「法律等について」による）
　①教育委員会の所掌に係る事項は、教育委員会が行う。

②教育委員会の所掌に係る事項以外の事項は、知事が行う。
③双方に係る事項は、教育委員会及び知事が連名で行う。

> （市町村の連携協力体制）
> 第11条　市町村（特別区を含む。）は、生涯学習の振興に資するため、関係機関及び関係団体等との連携協力体制の整備に努めるものとする。

○疑問５　第11条をみても明らかなように、本法律には、市区（ここの区とは、政令指定都市に置かれる行政区ではなく、東京都区部にあたる特別区）町村についての規定が少ないのではないか。

　本法律は、生涯学習の振興のための施策を全て網羅したものではなく、当面必要な前述の３施策を規定したものである。

　市区町村は住民にとって最も身近な地方公共団体であるから、第11条の規定では少ないように思われるが、市区町村の生涯学習推進をいかに国や都道府県が支援できるかを考えていることは容易に読み取れる。

　また、第５条第３項に、「都道府県は、基本構想を作成しようとするときは、あらかじめ、関係市町村に協議しなければならない。」とあるように、市町村の生涯学習推進を尊重していることは確かである。

★考えてみよう
　①『生涯学習振興法』からは、わが国の生涯教育・学習は、国レベルでは、文部科学省と他の省庁との連携、地方公共団体レベルでは、教育委員会と生涯学習に関わる所との連携をとって、より充実したものにしていく趣旨が汲み取れます。しかし、国、地方公共団体を問わず、連携をとって進めていくことは容易ではありません。なぜ、容易でないのかを考えてみよう。
　　また、国民・住民目線に立って、生涯学習を支援していく為に、連携するにはどうしたらよいかを考えてみよう。

第11章

「生涯学習推進（基本）構想」「生涯学習推進計画」

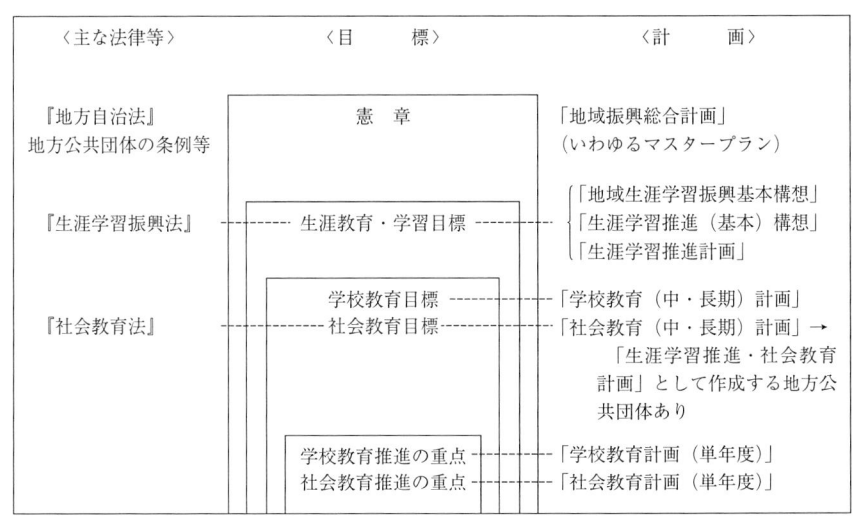

> 地方公共団体における「生涯学習推進（基本）構想」「生涯学習推進計画」の策定の状況をみることにより、私たちの地域の生涯教育・学習行政がどのように進められているのか知りましょう。

Ⅰ．地方公共団体における生涯学習推進の状況

1．地方公共団体における生涯学習推進

　地方公共団体における生涯学習推進は、図2にある「生涯学習推進計画」等に基づき行われる。

図2　地方公共団体における生涯学習推進の状況

〈主な法律等〉	〈目　標〉	〈計　画〉
『地方自治法』 地方公共団体の条例等	憲　章	「地域振興総合計画」 （いわゆるマスタープラン）
『生涯学習振興法』	生涯教育・学習目標	「地域生涯学習振興基本構想」 「生涯学習推進（基本）構想」 「生涯学習推進計画」
『社会教育法』	学校教育目標 社会教育目標	「学校教育（中・長期）計画」 「社会教育（中・長期）計画」→ 「生涯学習推進・社会教育計画」として作成する地方公共団体あり
	学校教育推進の重点 社会教育推進の重点	「学校教育計画（単年度）」 「社会教育計画（単年度）」

2．「地域振興総合計画」（いわゆるマスタープラン）について

　「地域振興総合計画」は、『地方自治法』第2条第5項の「地域における総合的かつ計画的な行政の運営を図るための基本構想を定め」るによる。この「基本構想」に教育が含まれることは当然である。

　しかし、生涯教育・学習のみを他の事務以上に詳細に詰めることは難しい。そこで、生涯学習推進は、『生涯学習振興法』等を根拠にして「生涯学習推進（基本）構想」「生涯学習推進計画」として策定されたり、『社会教育法』等を根拠にして旧来の「社会教育（中・長期）計画」を「生涯学習推進・社会教育計画」という名称にして策定されたりしている。

　なお、生涯学習イコール社会教育としてしまうことから生じる計画の混乱もみられる。

3．「生涯学習推進（基本）構想」「生涯学習推進計画」について

　「生涯学習推進（基本）構想」「生涯学習推進計画」は、『生涯学習振興法』等を根拠にして策定される。

　「生涯学習推進（基本）構想」「生涯学習推進計画」は、地方公共団体の教育行政に関して、次のような役割を果たしていると考えられる。

①地方公共団体の教育行政運営の指針としての役割
　→　長期・中期・短期の区別、総合的視野からの施策の選択・優先順位づけ、等が可能となる役割。

②住民、民間事業者、団体、商工会議所及び商工会、等が参画する際の指針としての役割

③住民、民間事業者、団体、商工会議所及び商工会、等の行政への参画を促す役割

Ⅱ．「生涯学習推進計画」策定等について

　次に、地方公共団体における「生涯学習推進計画」策定等は、一般的に以下のような順番で進められる。

1．「生涯学習推進計画策定委員会」を組織
　(1)　「生涯学習推進計画策定委員会」設置と要綱作成
　(2)　「生涯学習推進計画策定委員会」委員の委嘱
　(3)　「生涯学習推進計画策定委員会」委員長の選出

2．「生涯学習推進本部」本部長などから「生涯学習推進計画策定委員会」委員長へ諮問（諮問―答申の形を採らないこともある）

3．「生涯学習推進計画策定委員会」による答申（主な内容は「生涯学習推進計画」）作成
　(1)　専門部会（又は小委員会）の構成員の決定
　(2)　専門部会（又は小委員会）の開催
　(3)　専門部会（又は小委員会）による答申文案の部分的作成
　(4)　「生涯学習推進計画策定委員会」の全体会議で(3)のとりまとめ
　※この時、当該地方公共団体の「地域振興総合計画」（いわゆるマスタープラン）等との整合性を確認。

　　　　　3－(2)～(4)の過程で行うとよい作業（市区町村を例にする）
　1．「生涯学習推進計画」策定に必要な諸資料の収集
　　(1)　市区町村の状況を示す資料
　　　・市区町村要覧（例．『○○町勢要覧』）
　　　・都道府県史、市区町村史
　　　・教育要覧

・社会教育要覧
・施設要覧
・市区町村の基本計画
・市区町村の「地域振興総合計画」(いわゆるマスタープラン)
・予算書
・市区町村の生涯教育・学習関連の答申等
(2) 生涯教育・学習関連資料
・生涯教育・学習論
・生涯教育・学習関連の基本法令、主要答申等、生涯学習の基盤整備
（第Ⅰ部－3・9・10章参照）
・当該市区町村のある都道府県の「地域振興総合計画」(いわゆるマスタープラン)
・当該市区町村のある都道府県の「生涯学習推進(基本)構想」「生涯学習推進計画」
・当該市区町村のある都道府県の「生涯学習推進・社会教育計画」
・あれば、広域市町村圏（生活経済圏域）振興計画
・あれば、当該市区町村を含む地域の「地域生涯学習振興基本構想」
・当該市区町村の「市区町村民憲章」
・当該市区町村の「地域振興総合計画」(いわゆるマスタープラン)
・当該市区町村の「生涯学習推進(基本)構想」「生涯学習推進計画」(過去のものも含む)
・当該市区町村の「生涯学習推進・社会教育計画」
・他の市区町村の「生涯学習推進（基本）構想」「生涯学習推進計画」、「生涯学習推進・社会教育計画」等
・あれば、『生涯学習意識調査』、『生涯学習要求調査』（3－(1)の把握の為）
※「生涯学習推進計画」策定前に実施しておくと便利と思われる。
(3) その他の資料
・政府刊行物サービスセンター（千代田区霞が関、千代田区大手町、等）等で販売している官報、政府刊行物の諸資料（例.『国民生活白書』、『青少年白書』、『厚生労働白書』、『科学技術白書』、『情報通信白書』、『マンガで見る環境白書』、『観光白書』、『高齢社会白書』、『少子化社会白書』、『男女共同参画白書』、等の白書。政府刊行物一般内の生涯教育・学習に関わる多数書籍。統計・調査報告。その他）。

2．当該市区町村の現状把握
(1)歴史　　(2)地理　　(3)自然　　(4)人口
(5)産業　　(6)社会　　(7)生活　　(8)交通

3．特に、生涯学習に関する当該市区町村の現状把握
(1) 住民側　(　←『生涯学習意識調査』、『生涯学習要求調査』実施)
①生活意識、生活行動
②余暇意識、余暇行動
③学習要求
④学習行動

⑤学習要求と学習行動との差
　　　⑥学習阻害要因
　　　⑦行政への要望
　　　⑧学習成果の活用の要望　等
　　　※住民の生の声も把握するとよいと思われる。
　(2)　供給側
　　　①生涯学習推進体制の整備の状況
　　　②生涯学習関連機関・施設等の整備の状況
　　　③生涯学習機会提供の状況（首長部局、教育委員会、民営の事業所、等）
　　　④社会教育関係の団体、グループ・サークル等の組織化の状況
　　　⑤指導者の養成・確保の状況
　　　⑥ボランティアの養成・確保の状況
　　　⑦学習情報提供・学習相談体制の整備の状況
４．現行の生涯学習供給側の施策・事業の分析
　　○次の表を作成すると、現状と問題点、課題と今後必要な施策、が明確になる。
　　「①事業の区分」は、例えば、事業の形態別による区分（学級・講座・講演会等、集会・行事、研修・講習会〈指導者養成〉）、発達課題別による区分（乳幼児、少年、青年、成人、高齢者、等）、生涯学習推進の領域による区分（学習機会の整備・拡充、生涯学習機関・施設等の整備とネットワーク化、学習情報提供の整備、学習相談体制の整備、生涯学習指導者の養成、等）他がある。

①事業の区分	②現行の施策・事業	③生涯学習推進の現状と問題点	④生涯学習推進の課題と今後必要な施策

５．「生涯学習推進計画」の文章化
　(1)　「生涯学習推進計画」の基本の明確化
　　　①「生涯学習推進計画」策定の趣旨
　　　②「生涯学習推進計画」の位置づけ（性格、役割）
　　　③「生涯学習推進計画」の視点や範囲
　　　④「生涯学習推進計画」の期間
　　　　・5〜10年の比較的長期が多い。
　　　　※「見直しがあり得る」ことを明記するとよいと思われる。
　(2)　「生涯学習推進計画」の体系化と図表での表示
　(3)　生涯学習推進施策・事業の計画化と一覧表での表示
　　○　次の表を作成する。

施策・事業	内　　　容	担　当	継続・新規

4．「生涯学習推進計画策定委員会」委員長から「生涯学習推進本部」本部長などへ答申

5．「生涯学習推進本部」などにおいて4を最終検討し、「生涯学習推進計画」決定

6．首長部局、教育委員会への報告と、生涯学習関連機関・施設等、住民への周知（インターネットのホームページ上での公表も含む）

★調べてみよう
　①インターネットのホームページ上で「生涯学習推進計画」を掲載している地方公共団体もありますから、興味のある地方公共団体のものを調べてみよう。

★考えてみよう
　①興味のある地方公共団体の「生涯学習推進計画」を集めたら、まず、その要点を、次に、その長所・短所を、次に、よりよいものにするにはどのようにしたらよいかを考えまとめてみよう。

第12章

生涯学習審議会答申・中央教育審議会答申

> わが国の生涯学習審議会、中央教育審議会により、様々な答申が作られてきました。その中には、将来のわが国の生涯学習に対する示唆に富んだ新しいアイディアがみられます。ここでは、2つの答申をみてみることにより、今後私たちがどのような選択をしたらよいのか考えましょう（答申内の近年の新しいアイディア等は、筆者が太字にします）。

Ⅰ．生涯学習審議会答申「学習の成果を幅広く生かす―生涯学習成果を生かすための方策について―」（平成11年6月）

　本答申は、「いつでもチャレンジ可能な社会の創造に向けて」「学歴偏重社会イメージの是正を」「生涯学習成果の活用の促進を」「学習成果を社会で通用させるシステムの必要性」という問題意識を掲げ、個人が学習成果を活用して社会で自己実現を図る場として最も緊要な課題となっている、キャリア（職業、職歴ばかりでなく社会的な活動歴をも含む）開発、ボランティア活動、地域社会での活動の3つをテーマにその振興方策を考察し、できる限り具体的に提言することとした答申である。

　本答申は、具体的な振興方策として、新しいアイディアを豊富に掲載している。以下に、アイディアを中心に抜粋（一部、筆者がまとめた）してみる。

　第二章　生涯学習の成果を「個人のキャリア開発」に生かす
　1　なぜ、今、学習成果を個人のキャリア開発に生かすのか
　2　学習成果を生かすにあたっての課題と対応方策
　⑴　個人のキャリア開発に関する学習機会の拡充

①高等教育機関による社会人のための学習機会の拡充
　○大学審議会答申において、各大学の選択により修士課程で1年以上2年未満の修業年限でも修了することが可能なコースや、あらかじめ標準修業年限を超える期間を在学予定期間として在学できる長期在学コースを設けることができるようにすることが提言されており、これを受けた速やかな制度改正が望まれる。
②新たな情報通信手段を活用した高等教育機関等による学習機会の拡充
　○既に、7大学で「**教育情報衛星通信ネットワーク**」を活用して全国の公民館で大学の公開講座をリアルタイムで受講できるようにする試みがなされているが、大学、大学院、専修学校専門課程においては、通信衛星を活用した公開講座の提供に積極的に取り組み、国民に広く学習機会を拡充する方法について検討する必要がある。このため、行政においても、「教育情報衛星通信ネットワーク」事業が日常的に行われるように充実するとともに、全国の公民館・図書館・教育センター・学校等における送受信環境の整備を進めることが望まれる。また、今後は、大学や専門学校等においてもこのネットワークと連携することにより、全国の公民館・学校等に直接公開講座を送信することが望まれる。
　○既に、米国などでは、衛星通信ネットワークやインターネット（ホームページ、チャット（ネットワーク上で同時に複数の人がメッセージを交換すること）、掲示板、メールの活用）等多様な情報通信技術を用いて、授業を行ったり、質問を受けたりして、通学しなくても卒業できるような大学院レベルの教育システム（バーチャル・ユニバーシティー）が行われており、このような状況を踏まえた検討が望まれる。
③放送大学の拡充
④大学・高等学校における学校外での学修成果の認定の拡大
　○大学設置基準等については、これまで学外の学修の成果を単位として認定するよう弾力化を図ってきているが、例えば、**ボランティア活動やインターンシップ等の学外の様々な学習成果を授業科目の中に位置づける**など単位認定が促進されるよう、各大学における工夫が望まれる。
(2) 学習に対する支援の充実
①職業に関する学習機会の情報収集・提供
②勤労者に対する学習支援の拡充
　○有給教育訓練休暇の付与や受講費用の援助を行う企業に対し、その援助費

や賃金の一定割合を助成する「自己啓発助成給付金制度」を運用してきているが、勤労者がより学習しやすい環境を整備していくためには、今後一層、有給教育訓練休暇制度の導入の促進、休暇を取得しやすい職場環境づくり、資格取得のための情報提供サービスの充実、受験準備への勤務時間上の配慮、受験費用・受講費用の援助、取得した資格についての奨励金の支給、資格を活かしやすい部署への配置など企業からの支援内容を拡充していくことが求められる。

〇国では、平成10年12月から、一定の条件を満たす雇用保険の一般被保険者（在職者）または一般被保険者であった者（離職者）が労働大臣の指定する教育訓練を受講し修了した場合、教育訓練施設に支払った経費の80％に相当する額を支給する**「教育訓練給付制度」**を開始したところである。この制度は、勤労者が幅広い教育訓練対象の中から講座を選択することができ、主体的な学習を通じて職業能力の開発を行うことができる意義のある制度であり、今後その活用が望まれる。

③女性のキャリア開発のための条件整備

〇結婚・出産により、職業を中断して家庭で主婦業に専念する女性については、一定期間後職場に復帰できるような制度的な整備や、託児施設の拡充などが必要であるとともに、中断の期間中、職業能力を維持できるような、何らかの研修・能力維持プログラムの実施（例えば、所属企業による、一定期間ごとの業務内容の変化や新たな課題などについての研修会の開催、業務に係る**技能のリフレッシュ研修**等）もあわせて望まれる。

(3) 各種資格・検定等に係る学習支援

(4) **学習成果の多元的な評価**

①ビジネス・キャリア制度等の活用促進

〇ホワイトカラーの段階的・体系的な専門知識の習得を支援する**「ビジネス・キャリア制度」**（担当する職務を適切に遂行する為に必要となる専門的知識・能力の基準が体系的に定められ、これに沿って認定された講座を学習し、試験による学習成果を確認することで、ホワイトカラーの段階的なキャリア・アップを支援するシステム）は、個人のキャリア開発に有意義な制度であり、勤労者の企業間異動の際にも活用できるものと考えられ、その活用促進が期待される。

②年齢制限の緩和

③学習の成果に対する企業等の評価の改善

1) 評価の改善を図る

2) 学習成果に互換性を持たせるシステムを作る

○アメリカでは、大学の社会人対応が活発で様々な学習成果の評価が行われているが、それ以外にも継続教育単位が普及してきている。これは、成人学習者の継続教育や学習活動の成果を証明するための公的生涯学習単位である。また、近年はポートフォーリオ（書類などをまとめて挟む紙ばさみの意味）が注目されている。ポートフォーリオは、学校歴も含めた様々な学習成果の評価、社会的活動、職歴、表彰歴などを蓄積した個人の情報ファイルで、州によってはキャリア・パスポートという名称をつけているところもあり、州法で高等学校卒業者に支給を義務づけているところもある。

○イギリスでは、全国共通の**学習達成記録**（NRA：National Record of Achievement）が注目される。これは学校教育も含めた個人の学習成果の評価記録の全国統一様式で、わが国にはまだこのような仕組みはない。この記録には、資格取得には至らないような中間段階の学習成果の評価や取得単位も記載でき、記載内容は公的に認証されたもの、及び自己評価となっている。

○我が国においても、自らのキャリアを開発し、学習成果を社会的活動、進学、就職、転職、再就職等に広く活用していくために、自らの学習成果を積極的にアピールし、社会的評価を求めることができるようにする必要が生じている。社会や企業の側にしても、その人の学習成果を確認する資料があれば、採用や登用の際にそれを活用することができる。そのようなことを考えると、これからは、個々人がそれぞれの学習成果の記録として、例えば外国のポートフォーリオのような「**生涯学習パスポート**」（生涯学習記録票）を作り、活用できるようにすべきであろう。

　これは個人の記録であるから、客観的な記録だけではなく、自己評価や自分自身についての記述を盛り込むことができるようにしておかなければならない。従って、それを例えば学校歴、学校外の学習活動歴、資格リスト、技能リスト、職歴、ボランティア歴、地域活動歴、自分の進歩についての自己評価、今後の抱負等を記載するファイルとすることが考えられる。その形式はまちまちでもよいが、標準的な様式を作り、各方面でそれを利用してもよいであろう。

3) 学習成果の認証システムを構築する
(5) 学習した者と学習成果を求める者を結びつけるシステムを作る

第三章　学習成果を「ボランティア活動」に生かす

1　なぜ、今、学習の成果を「ボランティア活動」に生かすのか
(1)　ボランティアを志向する社会の進展
(2)　生涯学習によるボランティア活動の深化と発展
(3)　社会教育関係団体や民間非営利公益活動の進展
2　学習成果をボランティア活動に生かすにあたっての課題と対応方策―ボランティア活動の充実・発展の為に
(1)　多様な活動の発見・創造
(2)　ボランティア活動のもつ社会的責任
(3)　ボランティア活動についての自己評価の促進
(4)　ボランティア活動に対する共感の輪の拡大
(5)　生涯学習ボランティア・センターの設置促進

　○ボランティア・センターは、ボランティア活動についての情報の収集・提供、相談、活動プログラム開発、調査・研究、研修・訓練、啓発、団体間の連絡調整、団体の組織化支援、団体への助成等の機能を持っており、ボランティア活動の推進に欠かすことのできない機関である。

　生涯学習ボランティア・センターについては、整備箇所も少なく、また設置場所も教育事務所や社会教育施設などに開設され、非常勤の学習相談員などが配置されるに止まっているところも多いことから、必ずしもボランティア希望者のニーズに十分応え切れていない。

(6)　ボランティア・バンクの構築
(7)　ボランティア・コーディネーターの養成、研修

　○ボランティア活動を希望する人とボランティアを必要とする人の双方のニーズを総合的に調整し、マッチングする役割を持つ**ボランティア・コーディネーター**が重要である。希望者・受入れ先双方のニーズの把握、活動の場の募集・紹介・開拓、活動の調整、相談・助言等を行うボランティア・コーディネーターの役割を果たす職員は、生涯学習ボランティア・センターだけではなく、社会教育施設・公共施設等の受け入れを行う施設、送り出す側である学校、企業等にも必要となる。

　○コーディネーターの養成については、……社会教育の関係機関・団体において、まず養成プログラムの内容・方法を確立し、養成プログラムの体系化を図る必要がある。その場合、考慮されるべき点としては、おおむね、(1)ボランティア活動の今日的意義や生涯学習との関係の理解、コーディネーターの役割と倫理についての理解等、(2)マッチングやその後の活動支援について

の技術の獲得、(3)グループ・団体の組織化、指導助言についての能力の獲得、(4)関係団体、行政機関等との連携調整の能力の獲得等があげられる。
○国家公務員については、平成9年1月に、**ボランティア休暇制度**が法制化され、5日以内での休暇が認められることとなり、地方公務員についても、ほとんどすべての都道府県、約3分の1の市町村で同様の制度化が行われている。
○企業においては、全国の企業全体の約2％にあたる2000社でボランティア休暇制度を持つに至っている。今後とも休暇が取りやすくなるよう配慮するとともに、有給のボランティア休暇・休職制度の導入を図ることが望まれる。

第四章　学習の成果を「地域社会の発展」に生かす
1　なぜ、今、学習成果を「地域社会の発展」に生かすのか
(1)　学習者の学習成果の活用へのニーズの増大
(2)　生涯学習による地域社会の活性化の必要性
(3)　ボランティア・グループ等と行政とのパートナーシップの必要性
2　学習成果を地域の発展に生かすにあたっての課題と対応方策
(1)　生涯学習による地域社会の活性化の推進
(2)　活動の場づくり
　○特定の領域において優れた知識や能力を持つ社会人については、教員免許を持たなくとも、特別非常勤講師として、教科の領域の一部やクラブ活動を担当することができるようになっている。
　平成10年6月の**教育職員免許法の改正**により、対象教科が一部に限定されていた小学校について、全教科を対象にするとともに、採用の要件も都道府県教育委員会の許可制から届出制に手続きが簡素化された。また、国は、この制度の活用を促進するため、都道府県に対し補助を行っており、これらの措置を通じてこの制度の一層の活用が望まれる。
(3)　学習成果についての様々な評価システムの促進
　○学習成果としての知識や技術について客観的評価や証明のシステムがあれば、人材を登用したり、活用したりする際のてがかりになり、学習者として自らの成果の活用につなげられることは確かである。また、学習成果が広く社会的にも適切に評価され、活用されるようになれば、結果として、学歴偏重といわれてきた社会的な弊害も緩和されることが期待される。

Ⅱ．中央教育審議会答申「新しい時代を切り拓く生涯学習の振興方策について―知の循環型社会の構築を目指して―」(平成20年2月)

　本答申は、平成17年6月の諮問「新しい時代を切り拓く生涯学習の振興方策について」を受け、平成18年12月の教育基本法の改正による「生涯学習の理念」（第3条）、「家庭教育」（第10条）、「社会教育」（第12条）、「学校、家庭、地域住民等の相互の連携協力」（第13条）等の生涯学習・社会教育関係の規定の充実を踏まえて提言を行った答申である。
　答申中の「具体的方策」から、近年の生涯学習に対する考え方とそれに基づくアイディアがよく現れている箇所や、これまでやってきたことの意味の確認がされている箇所を中心に抜粋（1部、筆者がまとめた箇所あり）してみる。

⑴　国民一人一人の生涯を通じた学習の支援―国民の「学ぶ意欲」を支える
①今後必要とされる力を身に付けるための学習機会の在り方についての検討
（子どもの学校教育外の学習等の在り方の検討）
　　○平成19年度より、放課後や週末等に小学校の余裕教室等を活用して、子どもたちの安全・安心な活動拠点を設け、地域の人々の参画を得て、学習やスポーツ・文化活動、地域住民との交流活動等の機会を提供する「**放課後子ども教室推進事業**」が実施されており、各地で取組が行われている。本事業は厚生労働省の「放課後児童健全育成事業」（「放課後児童クラブ」）と一体的あるいは連携した総合的な放課後対策（「**放課後子どもプラン**」）として推進されている。
　　○今後は、**安全な居場所づくりを行う観点のみならず、「生きる力」の育成を学校教育外の活動においても支援する観点から**、活動内容の参考となるプログラムや、参考となる事例の収集・分析等を通じた情報提供、それらを円滑に進めるための人材の確保や養成の支援方策等について、具体的に検討していくことが求められる。
　　○その際には、「放課後子ども教室推進事業」の他にボランティア活動や自然体験活動、企業等と連携したキャリア教育等、他の学校教育外における学習

活動・教育活動との連携の在り方を含めて検討することも考えられる。
　○中央教育審議会や政府の各種会議等において提言されている「生きる力」、「学士力」、「人間力」等の能力は、それぞれ異なった目的の達成、課題の解決を目指しているが、同時に、これらは共通に、自立性、協調性、問題解決能力、情報分析能力、倫理観、積極的な社会参画といった資質の重要性を指摘している。このように、成人についても変化の激しい社会を生き抜いていくために**分野横断的・普遍的な力**が求められている。
②多様な学習機会の提供、再チャレンジが可能な環境の整備
　○国民の生涯にわたる学習活動を支援し、学習機会の充実を図る上で、社会教育行政としては、地域の学習拠点である社会教育施設の活用を図ることが重要な課題となっている。……社会のニーズや高まる社会教育行政の重要性を背景に、今一度地域の重要な資源であるこれらの社会教育を担う施設の活性化が期待されており、各地方公共団体における行財政上の配慮を期待したい。
（社会教育施設等を活用した多様な学習の場の充実）
　○住民の地域社会への貢献やコミュニティづくりへの意識を高め、地域独自の課題や公共の課題に対応するなど、民間事業者等によっては提供されにくい分野の学習を支援するため、公民館、図書館、博物館、青少年教育施設、女性教育施設等の社会教育施設の機能強化が望まれる。例えば、住民の主体的な地域課題への取組や、社会の要請が高い分野の学習、家庭教育に関する学習等を行う学習拠点として位置付け、またその際には情報通信技術を活用するなどし、地域社会における課題解決の機能を総合的に確保することが重要である。
　○また、特に成人の学習支援においては、各個人が住む地域の課題への対応のほか、職業生活上の課題への対応として各個人の職業能力や**就業能力（エンプロイアビリティ）**を向上させるためのニーズに応える必要があることから、専修学校と職業訓練校との制度的な役割分担を踏まえつつ、職業能力開発行政と連携した行政による機会の提供等も重要である。例えば、公民館と職業訓練校とが、カリキュラム、テキスト、指導員等についての情報の交換を行うこと等が考えられる。
（相談体制の充実）
　○国民の学習を支援していく上では、学習機会の整備のみならず、学習への需要と供給のマッチングを図るための支援を行うことも重要である。就業・

起業やボランティア活動・社会参加等の新たなチャレンジをしようとする人に対し、地域や社会・産業界のニーズを具体的に把握、明確化し、キャリア形成支援を含めた学習相談を行うとともに、必要な知識等が習得できる学習機会を民間団体等の協力を得つつ社会教育施設等において提供する等、学習相談から学習成果の活用までを一貫して支援する学習支援システム（ワンストップサービス）を構築することが有効である。その際には、産業界・大学・専修学校・NPO等の民間団体や首長部局の労働行政担当等との連携を強化することが求められる。

○学習活動を行う上で、産業界・大学・専修学校・NPO等の民間団体等が連携して、キャリアアップ等に資する学習コンテンツの提供や学習相談を行い、学習活動を推進する地域の基盤（「生涯学習プラットフォーム」）の形成が図られることが期待される。このような生涯学習プラットフォームでは、地域の産・学・官・市民が相互に乗り入れることができ、地域の課題を共有することが容易となる。その際、時間や場所等による制約を解消するため、インターネット等の情報通信技術を活用することが有効である。

（情報通信技術の活用）

○今後、情報通信技術の発展により、学習機会の提供・支援方策についても、様々な形態が考えられることから、例えば、携帯電話、インターネット配信、地上デジタルテレビ放送等の情報流通・配信手段に対応した**社会のニーズが高い優れた教育・学習用コンテンツの視聴・利活用を促進する**など、情報通信技術を活用した具体的方策の充実を図ることが重要である。

○図書館や博物館についても、例えば、資料のデジタル・アーカイブ化等の情報通信技術の発展に対応した規定を法令上設けることが必要ではないかとの指摘がなされている。

○さらに、**情報リテラシー**（生涯学習審議会「社会の変化に対応した今後の社会教育行政の在り方について」（平成10年9月17日）を踏まえ、「情報及び情報伝達手段を主体的に選択し、活用していくための個人の基礎的な能力や態度」とする）に関する学習、デジタルデバイドへの対応や有害情報対策等、多様な学習内容を提供する必要がある。特に、インターネットや携帯電話の普及等の情報化社会の進展に伴い、メディア上の有害情報が深刻な問題となっていることを踏まえ、社会の有害環境から子どもたちを守るため、子どもたちが適切に情報を判断する能力や、相手への影響を考えて情報を発信する態度等の情報モラル育成とともに成人に対する啓発等を含む有害情報対策の充実に地域社会

全体で取り組むことが必要である。また、一般的には情報通信技術の利用率が低いとされる高齢者等の支援が重要である。

(再チャレンジ支援)

○従来企業内で行われてきた個人の能力開発について、「会社主導から**自助努力へ**」という傾向が中小企業を中心に強くなっていることや、非正規社員の学習機会が少ないことを踏まえ、また、出産・子育て後の女性や働き盛り世代の再就職・キャリアアップのための学びの需要に応えるため、地域のニーズに応じて社会教育施設等において提供される学習プログラムや学習相談の機会を、情報通信技術も活用しつつ、広く提供するような取組を支援することが重要である。この際、域内の職業能力開発施設と連携することは重要である。

○社会教育施設・大学・専修学校・企業・NPO等において、社会人のキャリアアップや地域活動への参加に役立つ実践的な教育プログラムを共同で開発し、このような教育プログラムの学習成果が広域的に通用し活用されるよう、その普及を図ることも重要である。

○さらに、新たなチャレンジを目指す若者、中高年、女性、**フリーター・ニート等を支援**するため、職業訓練施設とともに、専修学校等の持つ職業教育機能を活用するなど、それぞれの特性等に応じた職業能力向上のための学習機会の提供の充実を図ることが重要である。

(学習成果を生かす機会の充実)

○**学習成果の活用**は、職業生活や社会における多様な活動において行われるものであるが、社会全体の教育力向上の観点からも、各個人が学習した成果を地域社会における様々な教育活動に生かすことが期待されている。具体的には、地域全体による様々な学校支援活動や放課後対策、家庭教育支援等が考えられる。例えば、いったん家庭に入った女性が学習活動や地域活動等により再び社会参画することは社会の活性化にもつながる。また、今後は特に、定年を迎える**団塊世代に協力**を求め、その力を有効に活用する方策を検討することが必要である。

③学習成果の評価の社会的通用性の向上

○学習成果の評価の社会的通用性を向上させることが必要である。そのため、民間事業者等が提供する多様な教育サービスについて、その内容の質の保証の在り方や学習成果の評価の在り方等について検討することが必要である。

(履修証明制度等の活用)

○平成19年に改正された学校教育法により、大学等が社会人等を対象とした課程（教育プログラム）を修了した者に対して証明書を交付することができる**履修証明制度**が導入されており、その活用を図ることが重要である。

○また、企業の現場や教育機関等で実践的な職業訓練等を受け、修了証等を得て、これらを就職活動等の職業キャリア形成に活用する「**ジョブ・カード制度**」が平成20年度から開始されることとなっている。ジョブ・カードは履修証明制度によって交付される履修証明書等のほか、自分の職歴や教育訓練歴、取得資格等に加え、多種多様な学習成果の情報を一体的にまとめたものの総称である。各個人が自らの学習成果を生かして就業につなげるなど、本制度の積極的な活用が望まれるため、官民協力の下、同制度を広く普及させていくことが重要である。

（多様な教育サービスの評価の在り方やそのための質保証の在り方の検討）

○民間事業者等が提供する教育サービスの質の保証や評価の在り方について検討するに当たり、その第一歩として、**各個人の学習成果を評価する検定試験**について、全国レベルでの一定の基準を満たすものを対象とし、個々の検定の評価手法の有効性、安定性、継続性及び情報の真正性等を確保する仕組みを検討することが考えられる。

○行政改革の経緯等から行政の直接的な関与が困難であれば、民間事業者等による第三者評価機関が検定試験について客観性や質を確保するという仕組みが考えられる。その際、国がその客観性や公平性を担保するため、評価を行う際の参考となるガイドラインを作成するなど、民間事業者等の主体的な取組を支援する必要がある。

○検定試験に関する質の保証や評価の仕組みを構築することは、生涯学習という広い分野において学習成果の社会的通用性を向上させるための一つの方策であるが、このような生涯学習における多様な学習成果の通用性の向上を図ることは、地方公共団体等において既に行われている生涯学習パスポート等の取組に資するものであると考えられる。例えば、欧州においても各国における多様な学習の成果を共通の仕組みで評価する「**生涯学習の評価のためのフレームワーク**」（欧州連合（EU）において、2007年10月、生涯学習の評価のためのフレームワーク（EQF：European Qualification Framework）の創設について合意された。EQFは、各国の各資格がどのレベルにあり、当該資格保有者がどのような知識、技能、職業能力、個人としての能力を持つか比較可能とする）の構築が始まったところであり、その評価フレームワークが定着した際には、**生涯学習**

パスポートにおいて反映・活用することが予定されており、我が国においても、まずは生涯学習の成果の評価のための仕組みが根付くことが期待される。
○地域における多様な教育活動等において民間事業者等との連携が期待される中、そのような連携を一層促進するため、各地域の実態に応じて民間事業者等が提供する教育サービスの質の保証の在り方や行政との連携方策について検討することも重要である。

(2) 社会全体の教育力の向上—学校・家庭・地域が連携するための仕組みづくり—
○それぞれの地域社会の教育力向上の為には、学校、家庭、地域がそれぞれ持つ教育力の向上を図ることとあわせて、学校、家庭及び地域住民のほか、その地域の企業やNPO等の関係者が、それぞれに期待される役割を果たしつつ、緊密に連携・協力して地域社会が一体となって地域の教育課題等に取り組むことが重要である。国及び地方公共団体は、以下に掲げる施策等を実施することにより、これらの関係者・関係機関が十分に連携できるようにするための仕組みづくりを積極的に支援することが必要である。

(身近な地域における家庭教育支援基盤の形成等)
○これまでの**家庭教育支援**の取組として、家庭教育に関する理解を深める場や機会を保護者等に対して提供することを中心とした支援策が行われてきた。今後は、子育てに無関心な保護者や子育てに不安や悩みを持つ孤立しがちな保護者、子育てに関心は高いが学ぶ余裕のない保護者等に対しても十分な支援を行うことが必要である。このため、このような保護者も含めた様々な保護者に対するきめ細かな家庭教育支援を積極的に進めていくことが課題であり、地域コミュニティや企業を含む社会全体で家庭教育を支えていくためのよりよい環境を醸成していくことが重要である。

○具体的には、就学時健診や入学説明会等多くの親等が集まる機会を活用した家庭教育に関する学習機会の提供や、**父親の家庭教育への参加促進を図るための企業等への働きかけ**等、様々な状況にある子育て中の保護者等がいることを踏まえた多様かつきめ細かな家庭教育支援策を講ずることが必要である。

○家庭教育支援策を講ずるに当たっては、教育委員会のみならず、福祉・労働部局や、学校、家庭教育支援団体、企業等の関係者の参画を得るなど、首長部局や子育て支援団体等との連携も意義深いと考えられる。また、**子育てサポーターリーダー**等の地域の人材が中心となって、各家庭の求めに応じ、

個別の対応をすること等も含め、きめ細かな情報提供や相談対応、学習機会のコーディネート等を身近な地域で行う仕組みをつくることも有効である。なお、子どもの教育が困難な状況にある家庭等のきめ細かい支援の為には、福祉・労働行政等との連携が重要である。

○子どもの生活リズム向上の取組として行われてきた「**早寝早起き朝ごはん**」**運動**のさらなる展開を各地域において今後も進めるとともに、行政・学校・家庭・企業・メディア等が連携して社会全体で家庭教育支援を行う機運を高めるための普及啓発を行うことも有効である。このような活動を通じて、地域社会の関係者の意識の共有化や地域社会の関係者の連携と教育力向上を図ることが期待される。

(家庭教育を支援する人材の養成)

○地縁的なつながりの減少等により、地域や社会全体で親子の学びや育ちを支える環境が崩れてきているとの指摘もある。家庭教育支援を行うに当たっては、上述のとおり地域社会や企業を含む社会全体で家庭教育を支えることが必要であり、地域において関係機関との連携や**保護者同士をつなぐこと**等を担う人材が求められている。このため、家庭教育の支援のための取組に携わる子育てサポーターや子育て経験者等を対象として講習を行い、地域における支援活動全般の企画・運営や子育てサポーター等の資質向上を担う人材(子育てサポーターリーダー等)を養成する必要がある。

(学校を地域の拠点として社会全体で支援する取組の推進)

○地域全体で学校を支えることができるよう、学校と地域との連携体制を構築し、学習支援活動や登下校の安全確保のための活動等、地域住民による積極的な学校支援の取組を促進することは、学校教育と社会教育の新たな関係を築いていくという意味からも重要な取組である。

○このような取組を行うことにより、学校と地域が子どもたちの健やかな成長の為に共通の目的に向かって緊密に連携することは、学校と地域の信頼関係を深めることになる。また、学校を支援する地域住民にとっては、これまで培ってきた知識や経験、学習の成果を生かすことにもつながるものであり、ひいては**地域社会全体の教育力**を向上させることが期待できる。

○地域における学校という場を核とした取組として、平成19年度から全国の小学校区で実施されている「**放課後子どもプラン**」は、学校教育外において子どもたちの学習・多様な体験の機会を地域ぐるみで提供する仕組みをつくる観点からも重要である。具体的な取組の在り方は各地域の実情に応じた創

意工夫が期待されるが、このような取組に地域の人材が幅広く参加すれば、地域社会全体の教育力の向上も期待できる。なお、**子どもの安全な居場所を確保**することは同時に保護者等が安心して働く環境づくりにもつながり、結果としてワーク・ライフ・バランスの確保にも資するものである。

（学校・家庭・地域を結ぶPTA活動の充実）

○PTAは保護者と教員がお互いを高めあい、子どもたちの健全な育成を支援する団体であり、学校行事の支援や登下校時の安全対策等、地域の行事、親子が参加してふれあう活動、保護者に対する**子育て教室**等様々な活動を各地域の実情に応じて実施しており、前述の子どもの放課後の居場所づくりへの協力や早寝早起き朝ごはん運動の推進等、学校・家庭・地域を結ぶ要として重要な役割を担っている。

（地域の教育力向上のための社会教育施設の活用）

○具体的には、例えば公民館においては、高齢者を交えた**三世代交流**等の実施や、各地域において受け継がれている子どもの遊び文化の伝承等を通じて、世代を超えた交流の場として活性化を図ることが必要である。また、地域が抱える課題への対応として、大学・高等専門学校・高等学校との連携講座等、学校と連携した教育活動の実施、高齢者、障害者、外国人等地域において支援を必要としている者への対応、**裁判員制度**、地域防犯、消費者教育等の社会の要請が高いと考えられる事柄についての学習機会の提供が望まれる。

○**図書館**においては、レファレンスサービスの充実と利用の促進を図ることはもとより、地域の課題解決に向けた取組に必要な資料や情報を提供し、住民が日常生活を送る上での問題解決に必要な資料や情報を提供するなど、地域や住民の課題解決を支援する機能の充実を図ることが求められる。特に近年、**ホームページを開設し、横断検索システムの活用**等コンテンツの充実を図っている図書館が増加傾向にあり、今後、さらなる充実を図ることによって、多様な情報源への入り口としての「**地域のポータルサイト**」を目指すことも重要である。また、子どもの読書活動や学習活動を推進する観点から、学校図書館への支援を積極的に行うことが重要である。

○**博物館**においては、各館の特色・目的を明確にした上で、地域の歴史や自然、文化あるいは産業等に関連した博物館活動を地域住民の参画を得ながら積極的に展開したり、地元出身の偉人を顕彰する記念館や地域のシンボルである文化財や自然環境等を活用した博物館等を核として、地域住民が地元に対する誇りや愛着を得られるようなまちづくりを実施すること等が望まれる。

また、博物館資料を活用した学校教育の支援を積極的に行うことが重要である。

（大学等の高等教育機関と地域の連携）

○各大学や高等専門学校、専修学校が地域における社会貢献としてそれぞれの特色を活かして行う公開講座等の地域振興に貢献する取組を促すことも、地域社会の教育力向上を図る上で効果的である。その際、各大学等の教育研究の連携を図り、地域において活躍する人材の育成等、大学等の地域貢献機能の強化・拡大等を国又は地方公共団体が支援することも重要となってくる。行政が積極的に関わって、**大学等と社会教育施設、関係団体等のネットワーク化**を推進することも大切である。また、その際には、大学・地域社会・産業界等の連携を図り、その教育研究の成果等を地域に還元することを目的とする大学コンソーシアムの活用等も考えられる。

○地域社会において若者に多様な体験の機会を提供し、社会の変化等に対応した実践的な学習機会の充実を図るため、地域の専修学校の職業教育機能を一層発揮することができるよう、例えば、高等学校等と連携を行うなどして、子どもたちの**職業体験**等の機会の確保を図ることや、専修学校と地域の中小企業等とが連携を図ることにより、地域において必要とする職業人材を育成すること等についてその支援方策を充実することが重要である。

★調べてみよう

①近年の生涯学習審議会答申、中央教育審議会答申をいくつか集めて調べてみよう。

★考えてみよう

①生涯学習審議会答申「学習の成果を幅広く生かす—生涯学習成果を生かすための方策について—」（平成11年6月）のアイディアが、有効かどうか考えてみよう。
②中央教育審議会答申「新しい時代を切り拓く生涯学習の振興方策について—知の循環型社会の構築を目指して—」（平成20年2月）のアイディアが、有効かどうか考えてみよう。

第13章
生涯教育・学習の歴史(1)

> 歴史から、生涯教育・学習への理解を深めます。
> 世界の歴史において、人々の学習のエネルギーは、様々な方向に向かいました。ここでは、人々の学習のエネルギーが、いわゆる下から上へ向かったことを示すコーヒーハウス、いい方向へ向かったデンマーク国民高等学校を考察することにより、今私たちが行っている生涯教育・学習は、何の為の生涯教育・学習なのかを考えてみましょう。

Ⅰ．コーヒーハウス

1．コーヒーの起源の伝説
コーヒーの起源の伝説には、主に次の2つがある。
(1) エチオピアのヤギ飼いのカルディ少年が、山中で潅木(かんぼく)の実コーヒーを食べたヤギが興奮状態になり、煎じて飲ませたら修道院の修道僧の居眠りに効果があることに気づいたことから発見したという伝説。
(2) イスラム神秘主義の修道者(デルウィーシュ)のオマルが、追放され迷い込んだ山中で、鳥に導かれて発見したという伝説。

しかし、既に紀元前には、エチオピアでコーヒーの実を潰して丸めて携帯食にしていたことも伝えられている。

コーヒーは、6世紀から8世紀頃に、エチオピアからアラビア半島のアラブ人に伝わった。そして、彼らを通して中東・イスラム世界全域に広まっていった。

9世紀になると、コーヒーが文献に現われる。イスラム世界で著名なイラン

の哲学者・医学者のアル・ラーズィー（854頃～925）は、『医学集成』（見聞きした民間療法や医学知識を記した書）に、コーヒー豆を指す「ブン」とその煮汁「ブンカム」を記した。

　13世紀半ば頃、焙煎した豆を煮出すようになった。イスラム教徒はコーランで酒を禁止されている為、焙煎した豆を煮出した飲料は、彼らの間で歓迎されたと考えられる。これは、既に「ブン」ではなく「カフワ」（qahwa　アラビア語，一種の酒の名）と呼ばれた。「カフワ」が、トルコに入って「カフウェ」（kahve）となった。17世紀に、この飲料がヨーロッパに広まり、「コーヒー」「カフェ」という世界的な通用語となった。

２．歴史の場面に現われるコーヒーの諸相

　コーヒーは、様々な諸相をもって歴史の場面に現われてきている。いくつか取り上げてみよう。

(1)　コーヒーは、トルコへ、1517年のオスマン帝国のセリム１世（在位1512年～1520年。「冷酷王」とも称される）のエジプト遠征により伝わった。1554年（1551年との説もある）、オスマン帝国の首都イスタンブールに、最初のコーヒー店「カフヴェハーネ」（kahve khāne，直訳すれば「コーヒーの家」）が開店した。ここは、喫茶店兼社交場の機能を持っていた。

(2)　清教徒革命期の1650年、ユダヤ人ジェイコブが、イギリスのオックスフォードに開店したのが、ヨーロッパ最初のコーヒーハウス（Coffee house）と言われる。

(3)　イギリスのチャールズ２世（1630～1685　王制復古期ステュアート朝のイングランド、スコットランド、アイルランドの王）は、コーヒーハウスでの人々の集まりが、政治的煽動・陰謀の場になることを恐れ、それを弾圧することを考えた。

(4)　1686年、フランセスコ・プロコピオ・ディ・コレッティが、パリで１番古い「カフェ・プロコープ」を開店した。

　　ここは、18世紀の文学カフェの中でも有名であった。ここでは、ディドロとダランベールの会話から、百科全書を作成する考えが出た。また、百科全

書派の出会いと思想の交流の場として、ヴォルテールやルソーが通い、18世紀の自由思想の誕生をもたらすことになった。

　また、ロベスピエール、ダントン、マラー等がここに集まり、革命思想が論議され、君主制を倒すことになる思想が生まれた。マラーが出版した革命新聞の『人民の友』の印刷所は、このカフェの裏手にある。1792年8月のチュイルリー宮殿攻撃はここで決意されたとも言われている。また、ここで、革命家たちの赤い帽子が、初めて登場した。また、ここで、ベンジャミン・フランクリンが、アメリカ合衆国憲法の中の一章を起草した。

(5)　北米には、1668年に持ち込まれた。1698年にニューヨークでコーヒーハウスがオープンした。

　アメリカ東海岸では、イギリスと同様に紅茶の飲用が主流となるが、イギリスが茶に重税を課した。その為、イギリス本国議会の植民地政策に憤慨した植民地人の組織が、1773年12月、アメリカ・マサチューセッツ州ボストンで、アメリカ・インディアンに扮し、港に停泊中のイギリス船に侵入し、イギリス東インド会社の紅茶箱をボストン湾に投げ捨てた（「ボストン茶会事件」）。そして、代用としてコーヒーの輸入が急増した。したがって、「ボストン茶会事件」が、アメリカでのコーヒー飲用が主流となった契機とも言われている。

(6)　プロイセン王国では、1777年にフリードリヒ2世（1712〜1786　第3代プロイセン王。啓蒙専制君主の典型とされる。フルート演奏をはじめとする芸術的才能の持ち主でもあった。フリードリヒ大王と尊称される）が、コーヒー禁止令を出した。海外貿易の収支、国内産業の育成などが背景にあり、同時にビール推奨令を出している。バッハ（1685〈ユリウス暦〉〜1750　ドイツ　作曲家）の「コーヒーカンタータ」は、反コーヒー派に対する音楽による抗議でもあった。1781年から、コーヒーの焙煎は許可制となり、貴族・司祭等がコーヒーを独占した。

(7)　バッハは、教会の楽長として宗教行事に演奏する多数のカンタータを作曲した。同時に、学生たちと街のコーヒーハウスにも通い、若い彼らが演奏する為のいわゆる世俗カンタータも数多く残した。バッハの「コーヒーカンタ

ータ」は、ライプツィッヒのコーヒーハウスで作曲した。

(8) マリー・アントワネット（1755～1793　フランス国王ルイ16世の王妃）は、生クリームを入れたホットチョコレートまたはコーヒーとクロワッサンという食事を載せたお盆をお風呂の蓋の上に置き朝食をとったと言われている。また、デュ・バリー夫人の影を一掃し、ベルサイユのトップレディーが自分であることを鼓舞する為、マルリー城で豪華な「カフェの集い」を開催した。しかし、パレ・ロワイヤルの建物において、マリー・アントワネットを揶揄するパンフレットやカリカチュア（風刺画）が出回った。

(9) ナポレオン・ボナパルト（1769～1821　革命期フランスの軍人・政治家）は、ハプスブルク家の神聖ローマ帝国を追い詰め、1797年、ウィーンに入場した。そして、講和条約を拒み続けるオーストリア政府の使節団を前に、コーヒーカップを床に落とした。そして、カップが粉々に砕けるのを見ながら、「私は、貴殿の国をこのようにもできる」と言い放った。これにより、ウィーン人は、条約調印に応じたと言われる。コーヒーカップが床に落ち、黒い血コーヒーが流れたことは、①国が壊れる、②血を見る、③コーヒーが飲めなくなる、などの様々なことを暗示したと思われる。

(10) 1885年、パリのサンジェルマン・デ・プレの中心に「カフェ・ドゥ・マゴ」（「マゴ」とは、極東のずんぐりとした陶製人形のこと）が開店した。ここは、第2次世界大戦のきざしが出始めた頃、人々が政治的な議論をする場所となった。パリ解放時には、サルトルとシモーヌ・ド・ボーヴォワールを筆頭とする実存主義者たちの根城になった。彼らは、足しげく通い、お気に入りのテーブルを持ち、そこで執筆もした。彼らは、ボリス・ヴィアンやアルベール・カミュともつながった。また、ここは、ジェームス・ジョイスやベルトール・ブレヒトやシュテファン・ツヴァイク、ピカソやヘミングウェイなど小説家や芸術家たちの待ち合わせ場所となった。

「カフェ・ドゥ・マゴ」では、1933年からドゥ・マゴ文学賞を設け、毎年1人の小説家に賞を与えている。また、ここは、音楽の分野で貢献した文学作品に与えるペレア賞や、ブラッスリー・リップとソニア・リキエルと協力

して、毎年異なる分野（建築、映画、演劇、デザイン、モード）のアーティストに与えるサン＝ジェルマン賞を創設した。

　1989（平成元）年、東京都渋谷区のBunkamura（〒150-8507　東京都渋谷区道玄坂2-24-1。TEL.03-3477-9111。フランス人建築家J.P.ウィルモットにより装飾された。「オーチャードホール」、映画館、美術館、ギャラリー、劇場、がある）内に、海外第1号の「ドゥ・マゴ・パリ」（LES DEUX MAGOTS PARIS）が開店した。「ドゥ・マゴ」のマークのもとに、料理を出すカフェ・レストランと、パン屋がある。また、1990（平成2）年、「Bunkamura　ドゥ・マゴ賞」という文学賞が創設され、毎年賞が与えられている。

(11)　日本には、天明年間（1781年～1788年）頃に、長崎の出島にオランダ人が持ち込んだと言われている。1792（天明2）年、蘭学者志筑忠雄の訳書『万国管窺（ばんこくかんき）』にコーヒーの記述が登場している。1804（文化1）年に長崎勤務の大田南畝（おおたしょくさんじん）（大田蜀山人）によって記された『瓊浦又綴（けいほゆうてつ）』に、「紅毛船にて ´カウヒイ´ といふものを勧む．豆を黒く炒りて粉にし．白糖を和したるものなり．焦げくさくして味ふるに堪へず」との記述がある。本格的に輸入されたのは、江戸時代末期の開国以降である。開国後は、横浜の西洋人商館で少量が輸入された。日本で最初のコーヒー店は、1888（明治21）年4月に東京上野黒門町に開店した「可否茶館（かひいちゃかん）」と言われる。1911（明治44）年に銀座に開店した「カフェー・プランタン」などにより、軽食やアルコール類を提供する近代的なコーヒー店が普及した。

3．コーヒーハウスについて

　前述のように、コーヒーはイスラム世界に発するものであった。

　ヨーロッパにおけるコーヒーハウスは、コーヒーを味わいながら、ニュース・情報の交換をしたり、討論したり、世間話をしたりして学習した場となった。

　17世紀になり、コーヒーハウスは、ロンドン、パリ、ベネチアと、ヨーロッパ各地に広がった。

　17世紀末には、ロンドンだけでも2,000以上のコーヒーハウスがあったと言

われる。公開講座、討論会、大学人の講義、コンサート等も開催され、郵便制度、株式取引所、新聞発行所、市民英会話教室、貸本屋・図書室、等の機能を果たすものまで出てきた。コーヒーハウスは、ヨーロッパにおいて大きな社会的役割を果たし、ヨーロッパの人々の政治、経済、思想、文芸、生活、等に大きな影響を与えた。

　イギリスにおいて、王立学会会員ジョン・ホートンは、コーヒーハウスは、芸術、商品その他すべてのものを進歩させる、と述べている。『英国史』3巻の著者トマス・マコーリーは、コーヒーハウスを「ロンドンっ子の家」と述べている。ニュース・情報の交換や討論や世間話をすることのできるイギリスのコーヒーハウスは、近代市民社会を支える世論を形成する重要な空間となり、民主主義の基盤として機能したとも言われる。

　各コーヒーハウスは、様々な機能をもって展開していった。その様子を示す事例を以下にいくつか取り上げてみる。

① 「ギャラウェイ・コーヒーハウス」は、17世紀中頃、当時の金融の中心地ロンドンシティの取引所近くに開店し、多くの商人が情報を求めて集まった。

② 「ロイズ」というコーヒーハウスには、多くの船主が集まった。店は、船舶情報を載せる「ロイズ・ニュース」という新聞を刊行した。店は、船舶保険業務を取り扱うようになったが、これが「ロイズ保険会社」の起源となった。

③ 「ホーガス」というコーヒーハウスは、毎日午後からラテン語の授業を開催した。安価でただ同様の学校という意味で、「ペニー・ユニバーシティ」とも呼ばれた。

　イギリスでは、コーヒーハウスは、男性客が多かったようである。女性の反対もあり、18世紀後半以降は衰退して行き、酒場や宿屋に転業した店も多かった。1717年には、イギリスで最初のティーハウス「ゴールデン・ライアンズ」が開店した。イギリスでは、こうしてコーヒーに代わる非アルコール飲料としての紅茶が市民生活に定着していった。

4．コーヒーハウスと社会教育、学習

コーヒーハウスに集まった人々により、様々な社会教育や学習が行われてきている。

近代以降のヨーロッパにおいて、もともと、執着したり、固執したりすることである cleave から意味を発した、同好の人たちが作る club（クラブ）には、科学クラブ、文学クラブ、政治クラブ、回読会、討論クラブ、など様々なものがある。それぞれは、発展して、科学協会、文学協会、政治宗教改革協会、貸し出し図書館、討論協会、などになっていった。協会は、さらに比較的狭い地域のものから、広い地域のものへと発展していくものもあった。

こうした、クラブ、協会の発展の基盤のひとつに、コーヒーハウスがある場合もあった。イギリスの言論の自由は、コーヒーハウスに設置されたクラブから生まれたと信じる人も多い。

コーヒーハウスは、近代ヨーロッパで社会教育や学習の大きな役割を担った為、これを"近代社会教育の幕開け（始まり）"と積極的に位置づけることもできよう。

人々の学習がいわゆる下から上へ発展していく姿を映し出すものとして、コーヒーハウスは、重要なものと思われる。

II．デンマーク国民高等学校

1．デンマーク国民高等学校創始者グルントヴィについて

グルントヴィ（Nikolaj Frederik Severin Grundtvig, 1783～1872 デンマーク キリスト教思想家、牧師、詩人、歴史家、教育者、国会議員）は、「デンマーク復興の父」「近代デンマーク精神の父」などと言われる。デンマークの童話作家アンデルセンや哲学者キルケゴールの同時代人で、友人でもある。

グルントヴィは、まず父の後をついで牧師となる。しかし、国民主義の気運が高まる19世紀のデンマークにおいて、聖書中心主義で形骸化したキリスト教を批判した為、職を失った。その後、詩人として活躍する。北欧神話を題材と

した詩、デンマークの風土・自然、農民の生活などを題材とした詩を多く作った。それらは、デンマークの賛美歌となり、デンマーク国民高等学校やデンマークの家庭で歌われている。また、歴史家としても、「北欧神話」の再評価に貢献した。

　グルントヴィの大きな功績として、フォルケホイスコーレ（Folkehøjskole，語義的には「民衆の大学」）を提唱したことが挙げられる。彼は、既成の学校が、無意味な暗記、試験、理念のない実学教育、立身出世の為の競争を行っているとして批判した。そして、それを「死の学校」と呼んだ。

　彼は、教え導くという意味での「教育」という言葉を嫌い、教育とは、本来「生の自覚」を促すものであるとした。異なった者同士が、「生きた言葉」による「対話」で、互いに啓発し合い、自己の生の使命を自覚していく所が学校であるとした。

　1838年、彼は国王に乞われて『生のための学校』（*School for Life*）という冊子を書き、発表した。そして、民衆の言葉による生きた教育を実践するフォルケホイスコーレを提唱した。これが、国民高等学校と訳されているものである。

　最初のデンマーク国民高等学校である「ロディン・フォルケホイスコーレ」は、1844年に、キール大学のデンマーク語教授クリスチャン・フロアにより、シュレスヴィヒの南部ロディンに創立された。また、グルントヴィの理念は、クリステン・コル（Kristen Kold, 1816〜1870）によって実現された。

2．デンマーク国民高等学校について

　以下に、デンマーク国民高等学校について、項目ごとにまとめてみよう。

(1)　創設者グルントヴィの理想
　　①民主主義
　　②人間性の確立
(2)　創設の背景
　　①フランス市民革命の影響で、国民を啓発する為の教育の重要性を認識した。
　　②ケンブリッジ大学の自由な教育方法により、教育改革の必要性を知った。

③ヨーロッパ主要国によるバルト海の支配権をめぐる争いの真中に位置する小国デンマークは、文化的独立が必要であった。1864年、ドイツに敗戦し国土の約5分の2を失ったが、敗戦後は"外に失ったものを、内にて取り戻そう"のスローガンのもと、産業革命の動きとなり、内側を充実させることに努めた。

④農地改革により、農民が自立し始めた。

(3) 国民高等学校運動による様々な影響

①デンマーク国民高等学校出身の学生の中には、人間解放や自由・平等の意識にめざめ、政治の世界に入っていった人も多い。農民から国会議員、閣僚となった人の多くは、デンマーク国民高等学校出身であった。また、協同組合を作った人も多い。

②酪農と畜産の「緑の国」、「乳と蜜の流れるさと」と呼ばれるデンマークの形成に大きな影響を与えた。

③スカンジナビア諸国、イギリス、アメリカ、スイス、ポーランド、オランダ、第1次世界大戦後のドイツ、昭和初期の日本、アジア・アフリカ諸国等から着目された。スウェーデン、ノルウェー、フィンランド、日本にも国民高等学校が設立された。

④第2次世界大戦中、ファシズムに対して戦うグルントヴィ運動が全土に広がった。ドイツ占領下のコペンハーゲンにおいて、神学博士ハル・コッホにより、自由、平等、精神の独立を大切にするグルントヴィの思想についての連続講演が行われ、盛り上がりをみせた。

⑤民主主義が浸透し、社会福祉が充実していった。

⑥P.ラングラン、ハッチンス、OECDのいずれも、生涯教育・学習論の中で言及した。

(4) 現在の概要

①学校数等

　1990年代に、デンマーク国内で100校を越えたが、その後減少ぎみとなり、2004年現在、デンマーク国内に86校である。

②入学

17歳以上であれば、無試験で入学可能。

③授業内容等

 A．長期コース……〜 8 か月（寮生活中心）。

 B．短期コース……〜 1 か月。テーマをしぼった講座、家族講座、高齢者講座、旅行講座。

 〇カリキュラム……学校により、多少異なる。文学、歴史、教育学、心理学、自然科学、語学、音楽、演劇、芸術鑑賞、絵画、陶芸、写真、スポーツ、ダンス、料理、現代的な内容（エコロジー、国際関係、精神医学、有機農業、など）、等。

④運営上の特色

 政府から、財政援助は受けるが、人事・カリキュラム・授業内容には干渉されない。

 授業方式はフレキシブルで、試験は課さない。学生は、ア．自由意志で参加すること、イ．社会人としての自覚があること、ウ．17歳半以上の学生が、数週間から1年間の寮内での共同生活をすること（ただし、これは原則。夜間・週末は、一般社会人と同じ生活が容認。夜間就労可能）。エ．「生きた言葉」による「対話」を大切にすること、などが必要とされる。

⑤費用関係[1]

 国庫補助金は、総経費の75％まで受けることができる。その用途は、①学校運営・維持の補助、②教職員の賃金の半額補助、③建築費、施設拡充に対する資金の貸付、が主となる。その額を決める要因は、年間在籍学生数（40週を1単位とする）である為、長期コースの在籍者数が多ければ、その分補助額は増える。また、学生に対して、奨学金が付与されており、デンマーク人の80％と発展途上国の学生は、この支給を受けている。

⑥入学動機

 入学動機は、多様である（例．職業の専門学校で勉強したが、他の勉強をしたい。しばらく国民高等学校で勉強してから大学に行きたい。大学で専門教育を学んで

Column 2

内村鑑三・松前重義とデンマーク

　デンマーク国民高等学校は、日本においては、内村鑑三、宮沢賢治、土田杏村、松前重義、賀川豊彦、などに直接的・間接的に影響を与えているが、ここでは内村鑑三・松前重義とデンマークをみてみよう。

　キリスト者で、日露戦争に反対した内村鑑三は、1911（明治44）年に、『デンマルク国の話』を講演し、『聖書之研究』第136号に掲載した。

　その『デンマルク国の話』の中で、彼は次のように述べている。「国の小なるはけっして歎くに足りません。これに対して国の大なるはけっして誇るに足りません。富は有利化されたエネルギー（力）であります。しかしエネルギーは太陽の光線にもあります。海の波濤にもあります。吹く風にもあります。噴火する火山にもあります。もしこれを利用するを得ますればこれらはみなことごとく富源であります。かならずしも英国のごとく世界の陸面六分の一の持ち主となるの必要はありません。デンマークで足ります。然り、それよりも小なる国で足ります。外に拡がらんとするよりは内を開発すべきであります。」（内村鑑三〈明治期の講演・昭和21年〉『後世への最大遺物・デンマルク国の話』岩波書店・岩波文庫・青119－4、pp.98～99）。

　東海大学創設者松前重義は、青年時代に、内村の研究会を訪ね、彼から啓発された。

　松前は、1933（昭和8）年に、通信技術研究の為にドイツに留学した。1934年に休暇を利用してデンマークへ行き、国民高等学校を訪問し、農村社会を視察した。

　松前重義（昭和37年）『デンマークの文化を探る』東海大学出版会、には、この時の体験が、「デンマークの国民高等学校は只学校に於て生徒を訓練するところではない。常に生きた社会を指導する文化の原動力である。信仰に於て、産業に於てデンマークの社会は国民高等学校を中心として動いている。茲に真に力強い深いデンマークの文化がある」のように書かれている。

　松前は、1937年に、長距離無装荷ケーブルの発明により得た資金で、デンマーク国民高等学校をモデルにした「望星学塾」を開設した。さらに、専門学校を2つ設立し、両者を合併して1946年に、東海大学を設立した。

　1981年9月20日に、松前が記した望星学塾碑文には、「この学塾は祖国の将来は教育によって有為なる人材を世に送るにあるとの信念からデンマーク復興の父ニコライ・グルントウィの国民高等学校の教育を範として開いた青年道場である……今日の東海大学建学の精神はここに発しており本学塾はまさに東海大学の母胎と言わなければならない」とある。

　東海大学文学部には、北欧学科があり、「豊かな自然・文化に育まれた北欧社会の先進性を学び、魅力的な社会の実現を目指す」（東海大学ホームページ。URL　http://www.u-tokai.ac.jp〈平成20年11月1日〉）ことにしている。

　東海大学医療技術短期大学では、デンマーク看護研修を実施している。平成19年8月27日から9月10日にかけての研修に対して、林真理子准教授は、「デンマークでは義務教育を終えると、国民高等学校で学んだり海外へ留学をしたりと、自分を見つめるステップを踏み、そのなかで自己を確立していくことが多いようです。その一度立ち止まって考える時間が、『自分だけの為に生きるのではなく、みんながよくなる為にはどうしたらよいか？』という広い視野で物事を考えられる様になるのだと思います。"人への優しさ"はこんなところから育まれるのでしょうね。」（東海大学医療技術短期大学サイト。URL　http://www.u-tokai.ac.jp〈平成20年11月1日〉）と述べている。

　松前が設立した東海大学海洋学部清水キャンパス近くの東海大学海洋科学博物館（静岡市清水区三保2389）入口には、この博物館を創設した松前の言葉が次のように掲げられている（平成20年7月現在）。「海洋……その中には無限の資源がある／若人よ／外に領土を求めず／海洋

に資源を開発しよう／若人よ／戦争による拡大よりも／平和な科学によって／領土権なき無限の宝庫を征服しよう／……／来れ若人よ／……／世界の平和と資源の開発の為に／科学によって人類の幸福を拓かう」。

ここには、内村から啓発され、デンマークから学んだ松前の思いが込められている。

いるが、さらに視野を広げたい。家族で家族フォルケホイスコーレに通いたい。精神的な病から解放されたい。自然を学びたい。その他）。現在も、伝統を受け継いで運営されており、世界中から学生が入学している。

⑦卒業

卒業証書は付与されない。しかし、在学したことが、①職場でのプラス材料になる、②入学の条件等になりえる、などの特典があると考えられる。

⑧意義

教科の学習が目的ではなく、学習を通じて人間が進むべき道を自覚させている。

⑨課題

20世紀末になると、デンマーク国民高等学校入学者数は減少した。また、コースも減少した。また、新設校数よりも、閉校数の方が上回り始め、デンマーク国民高等学校の人気は低迷してきた。

人気低迷の原因として、教育が簡単に手に入るようになったこと、現代人のライフスタイルに合っていないこと、などがあると思われる。

なお、職業志向の資格取得の傾向や、フォーマルな教育制度とどう関わるかが課題と思われる。

[注]
(1) 清水満（平成8年）『生のための学校―デンマークで生まれたフリースクール「フォルケホイスコーレ」の世界』新評論、p.42。

[引用・参考の文献・URL]
(1) 臼井隆一郎（平成4年）『コーヒーが廻り世界史が廻る　近代市民社会の黒い血液』中央公論社・中公新書1095。
(2) 小林章夫（平成12年）『コーヒー・ハウス　18世紀ロンドン、都市の生活史』講談社・講談社学術文庫1451。
(3) マークペンダーグラスト、樋口幸子訳（平成14年）『コーヒーの歴史』河出書房新社。

(4) URL http://ja.wikipedia.org/wiki/コーヒー（平成20年11月1日）。
(5) URL http://ja.wikipedia.org/wiki/コーヒー・ハウス（平成20年11月1日）。
(6) 内村鑑三（明治期の講演・昭和51年出版）『後世への最大遺物・デンマルク国の話』岩波書店・岩波文庫・青119－4。
(7) 松前重義（昭和37年）『デンマークの文化を探る』東海大学出版会・東海新書。
(8) 清水満（平成8年）『生のための学校—デンマークで生まれたフリースクール「フォルケホイスコーレ」の世界』新評論。
(9) 佐々木正治（平成11年）『デンマーク国民大学成立史の研究』風間書房。

★考えてみよう
　①コーヒーハウスにみられるいわゆる下からの学習の意義について考えてみよう。
　②デンマーク国民高等学校にみられる人間が進むべき道の学習について考えてみよう。

★読んでみよう
　①臼井隆一郎（平成4年）『コーヒーが廻り世界史が廻る　近代市民社会の黒い血液』中央公論社・中公新書1095。
　②小林章夫（平成12年）『コーヒー・ハウス　18世紀ロンドン、都市の生活史』講談社・講談社学術文庫1451。
　③内村鑑三（明治期の講演・昭和21年）『後世への最大遺物・デンマルク国の話』岩波書店・岩波文庫・青119－4。
　④松前重義（昭和37年）『デンマークの文化を探る』東海大学出版会・東海新書。
　⑤清水満（平成8年）『生のための学校—デンマークで生まれたフリースクール「フォルケホイスコーレ」の世界』新評論。

第14章

生涯教育・学習の歴史(2)

> 前回のつづきです。社会教育活動を巧みに使うことにより、人々の学習のエネルギーが、悪い方向へ向かったナチス・ドイツの例を考察することにより、今エネルギーをもっている生涯教育・学習は、何の為の生涯教育・学習なのかを考えてみましょう。

Ⅰ．ナチス・ドイツと社会教育

　1933（昭和8）年、ヒトラー内閣が成立し、アドルフ・ヒトラーを中心に、ナチス・ドイツが成長を遂げていく。その過程の中で、社会教育が、ナチス・ドイツを確固としたものにしていく様子が窺える。
　ナチス・ドイツとは、国家社会主義ドイツ労働者党が支配した1933年から1945年の元首制的共和国としてのドイツを指す。
　まず、ヒトラー内閣以降の成長と終焉の歴史をまとめると、以下のようになる。

　　1933　　　ヒトラー内閣成立。
　　　　　　　国民啓蒙宣伝大臣ゲッペルス……文化統制に手腕を発揮。
　　1933. 5　 ドイツ労働戦線……労働者の把握。
　　1933.11　 歓喜力行団……旅行、スポーツ、ハイキング、国民教化の夕、
　　　　　　　手芸会、等。
　　1934. 1　 学生の労働奉仕義務制……学生の忠誠心を形成。
　　　　　　→1935. 6　ドイツ労働奉仕法。
　　1934　　　文部省……社会教育を中央集権化。
　　1936　　　ヒトラー・ユーゲント法。

1936. 8　ベルリンオリンピック開幕。
1938. 3　ゲッペルス、ドイツ映画アカデミー設立……文化統制。
1938.11　ゲッペルス指令によるユダヤ人大弾圧（水晶の夜）。
1945. 4　ヒトラーとエヴァ・ブラウン自殺。
1945. 5　ゲッペルス夫妻、子供を殺した後自殺。

　このうち、1933年からの歓喜力行団とは、以下のようなものであった。これは、「喜びを通じて力を」(Kraft durch Freude，略してKdF)と言われる。ロベルト・ライが率いるドイツ労働戦線（Deutsche Arbeiterfront）の下部組織としての位置をもち、国家の管理の基に、多くの社会教育活動・余暇活動を行った。イタリアのファシスト党のドーポラボーロ（Dopolavoro，正式名称：全国余暇事業団 Opera nazionale dopolavoro，「仕事の後の余暇」により、労働者をファシズムに親しませる組織）というイタリアファシズムの組織をモデルにした。歓喜力行団には、活動を職場単位にまで拡張したという特徴がある。

　その目的は、国民が、社会教育活動・余暇活動をすることにより、元気になり、強い精神を持ち、ナチスへの忠誠心を高めることにより、ナチスの理想とする政治が実現されるようにすることにあったと考えられる。歓喜力行団は、余暇活動を上流階級から下流階級までのあらゆる大衆に格差なく提供し、階級対立のないひとつの「民族共同体」にまとめることに力を注いだ。

　具体的には、旅行、観劇列車、観光船の活動、スポーツ、コンサート、祝祭典、工場内の催し、水泳教室、趣味教室、ハイキング、国民教化の夕、手芸会、等、多種多様な社会教育活動・余暇活動を展開した。

　また、広く国民大衆に中産階級的なレジャーを提供した。例えば、バルト海のリューゲン島にある巨大な保養施設への旅行もそのひとつである。ただし、この保養施設は、1941年まで工事が進められたが、宿泊客を泊めることなく、軍事施設建設が優先された。また、大型観光船（ヴィルヘルム・グストロフ号など）も多数造船され観光に使用された。観光船は、第2次世界大戦勃発と共に、病院船に姿を変えた。

　歓喜力行団が行った特異な活動として、国民大衆の為に、手頃な価格で自動

車を購入できるようにすることまで関与した活動がある。自動車は、ヒトラーが政権に就いた直後に発表した国民車構想に基づく「フォルクスワーゲン・タイプ１」である。1938年に、正式に「歓喜力行団の車」と名づけられた。同年、ニーダーザクセン州に新都市「歓喜力行団の車を生産する街」(Stadt des KdF-Wagens, KdF-Stadt) が建設され、自動車生産工場・労働者住宅が作られた。戦後は、ヴォルフスブルクと改名された。

　歓喜力行団は、労働者向けに、「歓喜力行団の車」購入の為の特別貯蓄制度を設けた。これは国民大衆でも自動車を購入できるようにした積立制度で、"自家用車に乗りたいなら、毎週５マルク貯めよう"のスローガン（ポスターも作成）の下に、多くの人が積立金の支払を行った。しかし、第２次世界大戦が開戦された為、実際に納車されることはほとんどなかった。自動車生産工場も軍用車生産をさせられた。戦後、新たに創業したフォルクスワーゲン社は、積立金の支払者に対し、歓喜力行団が実行できなかった納車を行った。

　1939年、国際オリンピック委員会は、歓喜力行団の国民的活動を称え、オリンピック・カップを贈呈している。

　歓喜力行団の他、社会事業組織としての国民福祉団やヒトラー・ユーゲントなどの社会教育に関する組織もあった。前者は、避難民救済など、後者は、金属回収、防火活動、国民突撃隊の組織化などを行った。1939年、ユーゲント参加拒否者には、罰則が定められた。

　1936年８月から夏季に行われたベルリンオリンピックにおいて、古代オリンピック発祥地のオリンピアで五輪の火を採火し、たいまつを使用して複数の国を経由し、開会式のメインスタジアムまで運ぶという聖火リレーを初めて実施した。これには、宣伝効果を高める目的があったと思われる。開会式に参加した約10万人の観衆は、右手を挙げて「ハイル・ヒトラー！」と唱えた。ヒトラー自身がオリンピックの開会宣言をし、その存在感を示した。

　社会教育やスポーツ等に関わって行われた数々の行動は、いずれも、ドイツ国民に、"血と土"を自覚させるものであったと考えられる。ナチスは、多くの人が喜ぶ社会教育を巧みに取り入れて、その理想を実現しようとした。

Column 3

杉原千畝の行動

　杉原千畝（すぎはらちうね、SUGIHARA "Sempo" Chiune，1900～1986　岐阜県生まれ）は、日本の官僚、外交官である。

　第2次世界大戦中の1939年、千畝は、リトアニアの在カウナス日本領事館領事代理となった。1940年夏、ドイツ占領下ポーランドからリトアニアに逃亡した多数ユダヤ系ポーランド人が、ビザを取得しようと各国の領事館・大使館に行った。しかし、反ユダヤ人的政策を取っていたソ連が、リトアニアを併合し、各国に在リトアニア領事館・大使館の閉鎖を要求した。その為、ユダヤ人難民は、業務を続けていた日本領事館に名目上の行き先オランダ領アンティルへの通過ビザを求め殺到した。

　同年7月18日午前6時に、ビザを求めるユダヤ人約200人が日本領事館の前に殺到した。午前、千畝は、この事態を把握する為ユダヤ人代表を選び、領事館に入るように要請。ニシュリ氏、バルハフティック氏を含む5人の代表と2時間近く話し合う（この時の5人は、後に、在日イスラエル大使館参事官になる人、宗教大臣になる人、など）。

　同日午後、千畝は、外務省に緊急のビザ発給許可要請をする。しかし、同月22日の第1回回訓は、ビザ発給拒否であった。第2次近衛文麿内閣の発足後、松岡洋右外務大臣に直接、ビザ発給の許可要請を再度行った。同月23日、親ドイツ派の松岡外相直々にヨーロッパ各国大使館・領事館に「難民へのビザ発給は許可できない」旨の通告が出された。また、同時期にソ連は、リトアニア併合に伴う日本領事館の閉鎖通告をした。

　こうした政府方針、外務省の命令に反して、同月25日、千畝は、要件を満たさないユダヤ人たちにも、日本通過ビザを発給することを決断した。ソ連政府や本国から再三の退去命令を受けながらも、千畝と夫人の幸子氏はベルリンへ旅立つ同年9月5日まで、約1か月余りの間ビザを発給し続けた。

　このあたりの状況を語っている幸子氏談話が、1994年4月24日付『読売新聞』（日刊）「"日本のシンドラー" 杉原千畝氏　亡夫は苦しみ、泣いた」に次のように記されている。「主人は、苦しみました。助けたくとも、主人だけでは決められません。国に三度判断を仰いで、三度とも否という返事でした。ドイツは同盟国でしたから。ナチスに背く行為ですから、私や幼い子供三人も命を奪われかねないことでした」。また、リトアニアを発つ時の様子も次のように述べている。「列車の窓から身を乗り出して、まだ書いていました。列車が動きだすと、主人は『許して下さい。もう書けません』と深々と頭を下げました。彼らは『あなたを決して忘れない』と、泣きながら列車を追いかけたのです」。

　また、千畝自身が決断に苦しんだ様子は、千畝の手記の記録が、次のように伝えている。「最初の回訓を受理した日は、一晩ぢゅう私は考えた。考へつくした。回訓を文字どおり民衆に伝えれば、そしてその通り実行すれば私は本省に対し従順であるとしてほめられこそすれと私は考えた。仮りに当事者が私でなく他の誰れかであつたとすれば、恐らく、その百人が百人、東京の回訓通りビザ拒否の道を選んだだろう。それは何よりも文官服務規程方何条かの違反に対する昇進停止乃至斬首（かくしゅ。免職または解雇すること―引用者注）が恐ろしいからである。私も、何をかくそう、回訓を受けた日、一晩中考へた……果たして、浅盧・無責任・が無者らの職業軍人グループの対ナチス協調に迎合することによつて全世界に隠然たる勢力を擁するユダヤ民族から永遠の恨らみを買ってまで、旅行書類の不備、公安配盧云々を楯にビザを拒否してもかまわないのがそれが果して国益に叶うことだというのか　苦盧・煩悶の揚句、私はついに人道・博愛精神第一という結論を得た。そして私は、何も恐る、ことなく職を賭して忠実にこれを実行し了えたと今も確信している。」（杉原幸子監修・渡辺勝正編著〈平成8年〉

『決断・命のビザ』大正出版、pp.154〜155。）
　発行されたビザの枚数は、番号が付され記録されているもので2,139枚（外務省外交資料館保管の「杉原リスト」による）である。正確な人数は確定しがたいが、家族を含め少なくとも6千人のユダヤ人を国外脱出させたのではないかと考えられる。
　戦後の千畝に対する動き等をいくつか示してみる。特に、没後の高い評価が長く続いている様子がわかる。
　昭和20年8月、ブカレスト郊外のソ連収容所に連行される。
　同22年4月、藤沢市鵠沼に居住。
　同22年6月13日、外務省退官。
　同23年5月14日、アメリカ主導の下、ユダヤ人による国家イスラエルが建国され独立を宣言。
　同43年6月、東京のイスラエル大使館で、カウナスの元ユダヤ人難民ニシュリ氏と28年ぶりに再会。
　同44年9月、イスラエル政府の宗教大臣から勲章を受ける。
　同60年1月18日、イスラエル政府から「ヤド・バシェム賞」（諸国民の中の正義の人賞）を受賞（日本人初）。
　同年11月、エルサレムの丘で、記念植樹祭と顕彰碑の除幕式。
　同61年7月31日、鎌倉市にて永眠（享年86歳）。
　平成3年7月、リトアニアに「杉原千畝記念碑」が建立され、「杉原通り」ができる。
　同4年8月12日、生誕地の岐阜県加茂郡八百津町に「人道の丘公園」設立。「杉原千畝」記念碑建立。
　同5年3月、スティーブン・スピルバーグ監督のアメリカ映画（1993）「シンドラーのリスト」がアカデミー賞を受賞。杉原千畝が「日本のシンドラー」として国内外に報道される。
　同10年、カウナス市役所役員ラムナス・ガルバラビシウス氏が、杉原が借りていた家を買い取り、以後、リトアニア杉原記念館（杉原ハウス）として機能。
　同12年7月30日、生誕地の岐阜県加茂郡八百津町に「杉原千畝記念館」設立。
　同12年10月10日、故杉原氏の名誉回復を象徴する「杉原千畝を讃える顕影プレートの除幕式」が、東京都内外交資料館で開催。河野洋平外務大臣が、外務省の杉原への非礼を認め正式に謝罪。
　同16年6月19日、リトアニアから「杉原千畝顕彰切手」が発行される。
　同19年5月26日、天皇、皇后両陛下、リトアニアを訪問、「杉原千畝記念碑」に立ち寄る。
　同20年11月8日、夫人幸子氏永眠（享年94歳）。
　なお、多数の日本人男優により、映画・ドラマ等で千畝が演じられ続けている。

　1938年11月には、ゲッペルス指令によるユダヤ人大弾圧（水晶の夜）が起きてしまう。水晶の夜とは、1938年11月9日夜から10日未明において、ナチス党員・突撃隊がドイツ全土のユダヤ人の住宅・商店街、ユダヤ教の会堂であるシナゴーグ等を襲撃・放火した事件である。
　研究者や歴史家により、ナチスのホロコースト（大量虐殺）において、合計約600万人のユダヤ人、ポーランド人、ドイツ人政治犯などが虐殺されたとさ

れるが、正確な人数は確定できない。

　ヒトラーは、愛人エヴァ・ブラウンと敗戦直前に自殺した。連合軍による戦争裁判（ニュルンベルク裁判）は、残されたヘルマン・ゲーリングやヨアヒム・フォン・リッベントロップ、ヴィルヘルム・カイテルなどのナチス首脳部の1部を裁いた。

Ⅱ．反ナチス・ドイツ

　ナチス・ドイツの裏には、反ナチス・ドイツの歴史もあった。例えば、オスカー・シンドラー（Oskar Schindler, 1908～1974　チェコ生まれのドイツ人の実業家）は、ナチス・ドイツから迫害を受けていたユダヤ人を救い、ホロコーストの「義人」と言われている。また、ラウル・ワレンバーグ（Raoul Wallenberg, 1912～1947　スウェーデンの外交官・実業家）は、第2次世界大戦末期のハンガリーで、シュッツ・パスを発行し、10万人とも言われるユダヤ人を救出した。しかし、ドイツ撤退後に進駐したソ連軍に拉致され行方不明となった。ソ連の収容所で死亡したとも言われる。また、後に「日本のシンドラー」と言われた杉原千畝（ユダヤ人による愛称は、せんぽ）は、外務省の命令に反してビザを発給し、6千人とも言われるユダヤ人を救った。ウェルナー・ハイゼンベルク（Werner Heisenberg, 1901～1976　ドイツ　量子力学創始者、理論物理学者、ノーベル物理学賞受賞）は、第2次世界大戦時中、故意にドイツの原爆開発を遅らせたと言われる。

　　　　　　　　　　［引用・参考の文献・URL］
　⑴　URL　http://ja.wikipedia.org/wiki/ナチス・ドイツ（平成20年11月1日）。
　⑵　田野大輔（2003年1月）「ナチズムの記憶　民族共同体の祭典ナチ党大会の演出と現実について」（大阪経済大学論集）、schoolhistory.co.uk: Strength through Joy.
　　　URL　http://www.feldgrau.com/KdF.html（平成20年11月1日）。

★考えてみよう
　　①3つの歴史から感じとったことを基に、自分の行っているまたはこれから行っていこうとする生涯教育・学習が、何の為の生涯教育・学習なのかを考えてみよう。
　　②あなたは、杉原千畝のように究極の立場に立った（立たされた）時、どのように行

動するのか考えてみよう。

★読んでみよう

①村瀬興雄（昭和52年）『アドルフ・ヒトラー』中央公論社・中公新書478。
②平井正（平成 3 年）『ゲッベルス　メディア時代の政治宣伝』中央公論社・中公新書1025。
③脇圭平・芦津丈夫（昭和59年）『フルトヴェングラー』岩波書店・岩波新書黄版282。
④杉原幸子（平成 5 年）『新版六千人の命のビザ』大正出版。
⑤トマス・パワーズ、鈴木主税訳（平成 6 年）『なぜ、ナチスは原爆製造に失敗したか』上・下、福武書店。

★見てみよう

①アメリカ映画（1940年）『独裁者』(The Great Dictator)
　チャールズ・チャップリンの 3 大名作の 1 つと言われる風刺・喜劇映画。ヒトラーのナチスがドイツで、ムッソリーニのファシストがイタリアで独裁国家を作り、ファシズムを展開していた頃に、独裁者を風刺によって強く批判し、全世界の人々に自由の為に闘うことを呼びかけた作品。チャップリンが、仮想の独裁者アデノイド・ヒンケルと迫害されるユダヤ人の 2 役を演じた。独裁者の孤独を、憐れみをもって表現している。チャップリンが、初めて完全なトーキーを使った。いわゆるチャップリン・スタイル（山高帽・ドタ靴・ステッキ・アヒル歩き）の最後の作品。製作・脚本・台詞・監督・主演はチャップリン。チャップリンは、制作途上、様々な妨害を受けている。なお、ヒトラーは、極秘に観たと言われるが、チャップリンの処刑命令は出していない。

②アメリカ映画（1965年）『サウンド・オブ・ミュージック』(The Sound of Music)
　ミュージカル映画の最高傑作のひとつと言われる。第 2 次世界大戦中、ナチス・ドイツ併合下のオーストリアで、修道女マリアが、男手ひとつで子供たちを育てていた厳格なフォン・トラップ海軍大佐のトラップ・ファミリーに家庭教師として入り、子供との音楽活動を通して、大佐を和らげていく物語。ナチスに協力を求められた大佐は、家族とともに国外へ脱出する。トラップ・ファミリーの実話とされるが、史実と異なる点もある。監督は、ロバート・ワイズ（オスカー賞受賞者）。脚色は、アーネスト・リーマン（『ウェスト・サイド物語』のコンビを組んだ人）、『エデンの東』のテッド・マッコードが、ザルツブルクの美しい町並み、壮大なアルプスの山々を見事に映した。音楽は、ロジャース＆ハマースタイン（『王様と私』『南太平洋』などのヒット曲を手がけた人）。わが国で唱歌として知られている『ドレミのうた』は、この映画が発祥。主人公マリアには、『メリー・ポピンズ』でアカデミー賞に輝くジュリー・アンドリュース。トラップ大佐には、『女優志願』『王になろうとした男』のクリストファー・プラマー。子供たちは、オーディションで選ばれた 7 人。第38回アカデミー賞　作品賞、監督賞、編曲賞、音響賞、編集賞、を受賞。

第Ⅱ部

第1章

生涯各期の特性と学習支援
―成人期―

> 生涯における教育・学習の観点から成人期を捉える古今東西の様々な見方と、成人期または成人期の教育・学習を捉えたいくつかの理論をみてみましょう。また、成人の学習の特徴を捉えてみましょう。なお、成人期を捉える理論の中で成人期の年齢を示した理論では、年齢が一致しないことが多いので、ここでは成人期の年齢を限定しません。成人期を、青年期の次に来る時期で、完全な行為能力がある時期、のように比較的ゆるやかなくくりの中で見てみます。

Ⅰ．生涯における教育・学習の観点から成人期を捉える様々な見方

1．生涯における教育・学習の観点から成人期を捉える古今東西の様々な見方

生涯における教育・学習の観点から成人期を捉える古今東西の見方には、様々なものがあった。以下に、成人期を消極的に見る捉え方と、積極的に見る捉え方に分けていくつか取り上げてみる。

(1) 成人期の消極的捉え方

　①イマヌエル・カント（Immanuel Kant, 1724～1804　プロイセン王国　哲学者）
　　人間が自分自身を導くようになったら、自分が父親となることができ、子供を教育しなければならなくなる時期、すなわちおおよそ16歳頃で教育は終わるとした（『教育学講義』）。

　②エミール・デュルケム（Émile Durkheim, 1858～1917　フランス　社会学者）
　　教育とは、成熟した諸世代により、まだ社会生活に馴れない諸世代に行われる作用であるとした（『教育と社会学』）。

③マルティヌス・ヤン・ランゲフェルド（Martinus Jan Langeveld, 1905～1989　オランダ　教育学者）　　教育には、上限（終わり）と下限（始まり）とがあるとした（『理論的教育学』）。

(2) 成人期の積極的捉え方

①マルクス・トゥッリウス・キケロ（ラテン語：Marcus Tullius Cicero, B.C.106～B.C.43　共和政ローマ期の政治家・文筆家・哲学者）　　老年期の限界を否定した（『老年学』）。

②コメニウス（Johannes Amos Comenius, 1592～1670　チェコ　宗教家・教育者）　乳児、幼児、少年、青年、壮年、老人等の年齢段階ごとの特徴・課題を著した（『教授学』）。人は、生涯を「老人大学」で終えるとした。また、乳児の感覚の発達に着目し、『世界図絵』（世界最初の挿絵入りラテン語教科書、1658年）を著述した。

③コンドルセことマリー・ジャン・アントワーヌ・ニコラ・ド・カリタ（Marie Jean Antoine Nicolas de Caritat, marquis de Condorcet, 1743～1794　フランス　数学者・哲学者・政治家・社会学）　　「最後に、教育は人々が学校を卒業するとその瞬間に、かれらを見棄ててしまってはならないということ、教育はすべての年齢にわたって行われるべきであるということ、年齢によって、学習が有益でなかったり、可能でなかったりするようなことがないということ、かつまた、子ども時代の教育が非常にせまい範囲に極限されたものであった為に、それだけますますその後の時期の教育が必要であるということ、などをわれわれは認めたのである。……」[1]（1792年、公教育委員会の名によって国民議会に提出された、公教育の全般的組織に関する報告及び法案）。

④ヨハン・ヴォルフガング・フォン・ゲーテ（Johann Wolfgang von Goethe, 1749～1832　ドイツ　詩人・劇作家・小説家・科学者・哲学者・政治家）　　「有能な人は、常に学ぶ人である」。

⑤孔子（こうし、ピンイン：Kǒng Fūzǐ, B.C.551～B.C.479　中国　思想家）　　15歳「志学」、30歳「而立」、40歳「不惑」、50歳「知天命」、60歳「耳順」、70歳「不踰矩」。

⑥世阿弥元清（ぜあみ、せあみ（改称前）世阿彌陀佛、1363？〜1443？　日本　猿楽師）　各年齢層における修行の重点、芸能の奥義を述べた（『風姿花伝』）。

⑦佐藤一斎（さとういっさい、1772〜1859　日本　武士・岩村藩士、儒学者）　「少にして学べば則ち壮にして為すなり。壮にして学べば則ち老いて衰えず。老いて学べば則ち死して朽ちず」（『言志晩録』）。

⑧福澤諭吉（ふくざわゆきち、1835〜1901　日本　武士・中津藩士、著述家、啓蒙思想家、新聞時事新報の創刊・発行者、教育者、東京学士会院（現在の日本学士院）初代会長、慶應義塾創設者）　「世の中で一番楽しく立派な事は一生涯を貫く仕事をもつことです」。

⑨武者小路実篤（むしゃのこうじさねあつ、1885〜1976　日本　小説家）　「桃栗三年、柿八年、達磨は九年、俺は一生」。

2．ライフサイクル論

　人間の一生を"誕生"という出発点から"死亡"という終了点までのプロセス（過程）とし、この一生の過程を特徴的な節目と変化により、いくつかの段階であるライフステージ（life stage）に区切って捉えようとする理論である。ライフステージを区切るライフサイクルの節目である「過渡期」は、人が自分の生活を見直したり、人生の重大な選択を行うなど、役割変化を経験する時であり、危機の時期であると同時に、成長への大切な機会でもあるとされる。

　ライフサイクル論者は多いが、例えば、ダニエル・レビンソン（Levinson, D. J.）は、中年男性40人に対する面接調査の結果から、成人前期と中年期のライフサイクル論[2]を提出し、図3のように、過渡期について説明している。

　レビンソンのライフサイクル論は、①成人期にも過渡期がある点、②成人期には、社会─心理的な危機がある程度の規則性をもって現れる点、③成人の自我が、危機を乗り越えることで成長する点、等を示した。レビンソンのライフサイクル論に対しては、少人数の面接調査の結果から、普遍化・一般化した成人前期と中年期のライフサイクルを描けるかという疑問が残る。

第1章　生涯各期の特性と学習支援―成人期―　119

図3　レビンソンによる成人前期と中年期のライフサイクル

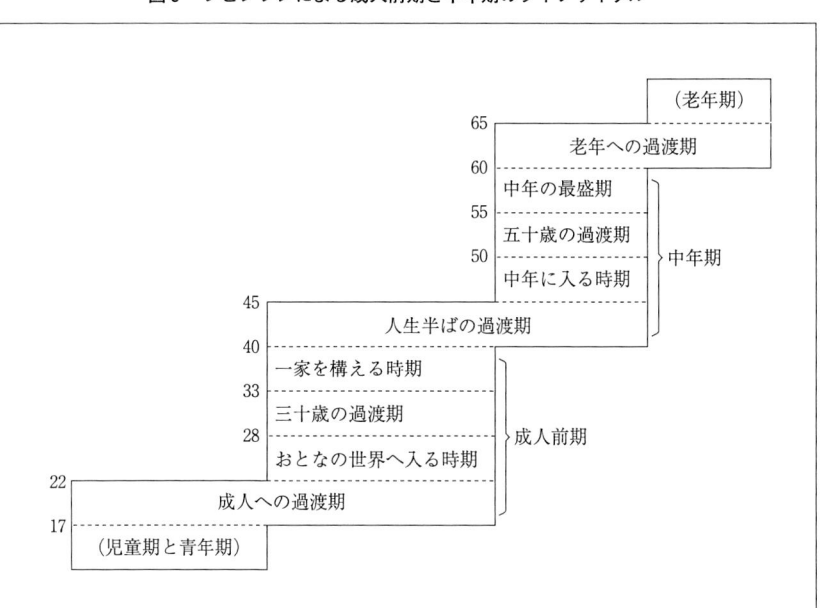

```
                                              (老年期)
                                          65
                                              老年への過渡期
                                          60
                                              中年の最盛期
                                          55
                                              五十歳の過渡期    } 中年期
                                          50
                                              中年に入る時期
                                          45
                                              人生半ばの過渡期
                                          40
                                              一家を構える時期
                                          33
                                              三十歳の過渡期    } 成人前期
                                          28
                                              おとなの世界へ入る時期
                                     22
                                              成人への過渡期
                                     17
                                          (児童期と青年期)
```

○成人への過渡期……第一に、未成年時代の世界の本質と自分の置かれていた位置に疑問を抱き、そのときの自分にとって重要な人物、集団、制度等との関係を修正するか終わらせ、未成年時代の世界で形成した自己を見直して修正すること。第二に、おとなの世界の可能性を模索し、その一員としての自分を想像し、成人として最初のアイデンティティを確立することが課題である。
○三十歳の過渡期……成人期に入って最初に築いた生活構造のもつ欠陥と限界を解決し、成人前期をまっとうするためのもっと満足のゆく生活を築く土台をつくり上げる機会を与える。この時期に新しく重要な選択を行なうか、あるいは前の選択を改めて容認する。その選択が自分の夢や才能や外面的可能性と一致すれば、比較的満足のゆく生活を築く土台となる。
○人生半ばの過渡期……成人前期と中年期をつなぐ橋となる。それまでの生活構造に再び疑問を抱く。自分の実際の欲望、価値観、才能、野心を発揮できるような生活を切望する。自己の内部での戦いのとき、外の世界との戦いのときである。大なり小なり危機を伴う。
○五十歳の過渡期……人生半ばの過渡期の課題をさらに実行し、四十代半ばにつくり上げた生活を修正できる。人生半ばの過渡期にあまりにも変化せず、したがって不満足な生活しか築けなかった男性にとっては、五十歳の過渡期が危機のときとなるかもしれない。
○老年への過渡期……中年期が終わり、老年期に入るための土台が築かれる。課題は、中年期の奮闘に終わりを告げ、来たるべき老年期を迎える準備をすることである。成人の発達上重要な時期で、ライフサイクルにおける重要な転換期となる。

〔典拠〕ダニエル・レビンソン、南博訳（平成4年）『ライフサイクルの心理学（上）』講談社・講談社学術文庫1026。

3．発達課題

(1) R．J．ハヴィガースト（Robert James Havighurst, 1900〜1991 アメリカ）による発達課題

ハヴィガーストは、人間の生涯にわたる発達上の各時期に生起し、人間が望ましい成長を遂げ、幸福な生涯を送る為に学習しなければならない課題である発達課題（表1）を提示した。

表1　ハヴィガーストによる発達課題

胎児期	諸器官を全く生物学的に形成すること
幼児期 （出生〜6歳）	(1) 歩行の学習 (2) 固形の食物をとることの学習 (3) 話すことの学習 (4) 排泄の仕方を学ぶこと (5) 性の相違を知り性に対する慎しみを学ぶこと (6) 生理的安定を得ること (7) 社会や事物についての単純な概念を形成すること (8) 両親や兄弟姉妹や他人と情緒的に結びつくこと (9) 善悪を区別することの学習と良心を発達させること
児童期 （6〜12歳）	(1) 普通の遊戯に必要な身体的技能の学習 (2) 成長する生活体としての自己に対する健全な態度を養うこと (3) 友だちと仲よくすること (4) 男子として、女子としての社会的役割を学ぶこと (5) 読み・書き・計算の基礎的能力を発達させること (6) 日常生活に必要な概念を発達させること (7) 良心・道徳性・価値判断の尺度を発達させること (8) 人格の独立性を達成すること (9) 社会の諸機関や諸集団に対する社会的態度を発達させること
青年期 （12〜18歳）	(1) 同年齢の男女との洗練された新しい交際を学ぶこと (2) 男性として、また女性としての社会的役割を学ぶこと (3) 自分の体の構造を理解し、身体を有効に使うこと (4) 両親や他の大人から情緒的に独立すること (5) 経済的な独立について自信をもつこと (6) 職業を選択し準備すること (7) 結婚と家庭生活の準備をすること (8) 市民として必要な知識と態度を発達させること (9) 社会的に責任のある行動を求め、そしてそれをなしとげること (10) 行動の指針としての価値や倫理の体系を学ぶこと

壮年初期 (18～30歳)	(1) 配偶者を選ぶこと (2) 配偶者との生活を学ぶこと (3) 第一子を家族に加えること (4) 子どもを育てること (5) 家庭を管理すること (6) 職業に就くこと (7) 市民的責任を負うこと (8) 適した社会集団を見つけること
中年期 (30～60歳)	(1) 大人としての市民的・社会的責任を達成すること (2) 一定の経済的生活水準を築き、それを維持すること (3) 十代の子供たちが信頼できる幸福な大人になれるよう助けること (4) 大人の余暇活動を充実すること (5) 自分と配偶者とが人間として結びつくこと (6) 中年期の生理的変化を受け入れ、それに適応すること (7) 年老いた両親に適応すること
老年期 (65歳～)	(1) 肉体的な力と健康の衰退に適応すること (2) 隠退と収入の減少に適応すること (3) 配偶者の死に適応すること (4) 自分の年ごろの人々と明るい親密な関係を結ぶこと (5) 社会的・市民的義務を引き受けること (6) 肉体的な生活を満足におくれるように準備すること

〔典拠〕 R.J.ハヴィガースト、荘司雅子監訳（平成7年）『人間の発達課題と教育』玉川大学出版部、より作成。

ハヴィガーストは、発達課題に対して、①生物学的基礎、心理学的基礎、文化的基礎、教育との関連に基づいて設定されている点、②個人と社会の要求の統合をめざしている点、③教育における自由の理論と強制の理論との中間的領域にある点、④1回的な発達課題と繰り返し現れてくる発達課題がある点、⑤達成すれば幸福になり、その後の課題達成も成功するが、失敗すれば不幸になる点、を指摘している。

ハヴィガーストの発達課題は、社会教育の現場で、成人期の特色を捉え、学習プログラムを作成するのに役立ってきた。具体的には、発達課題から生活課題を導き出し、さらにそこから行う必要のある学習課題を精選して、学習プログラムを作成するなどの形で活用されてきた。

(2) ハヴィガーストの発達課題の検討

ハヴィガーストの発達課題には、現在次のような検討の余地がある。

①生物学的基礎、心理学的基礎、文化的基礎、教育との関連に基づいて設定されているが、基づいている基礎が少なく、古い。現在は、より多くの分野の研究成果、実践・臨床等から得られた成果、等の科学的成果があるので、ハヴィガーストの発達課題より新しく高度で緻密な課題を作成しないと間に合わないと思われる。

②個人と社会の要求の統合、教育における自由の理論と強制の理論との中間的位置に立つということに重点を置いている。しかし、現在の生涯教育・学習の観点から見ると、生涯にわたりよりよい発達・加齢をするにはどうしたらよいかに重点を置いた発達課題を設定する方がより生産的であると考えられる。

③達成すれば幸福になり、その後の課題達成も成功するが、失敗すれば不幸になるという設定は、ラベリングや不安増長の要因になりかねない。それらを招かないようにする意味で、避けた方がよいと考えられる。達成するのがベターであるという設定が好ましいと思われる。

4．ライフコースの理論・事例研究

ライフコースの理論・事例研究は、主に社会学の人たちによって、提唱され、研究されている。定義としては、個人が年齢別に分かれた役割と出来事を経ながら辿る人生行路とされる。

特色として、以下の点が指摘できる。

①個人への着目。
②年齢別の役割と出来事の重視。
③「同行集団」の発見。
④社会変動、変容への関心。
⑤コーホート別分析、世代の研究。

ライフサイクル論及びそこから導き出される各国などのライフサイクルは、平均的な数値や状態を示しやすいのに対し、ライフコースは、年齢別の役割と出来事等を取り上げること、コーホート別分析、世代の研究、等を通してより

個人に近づこうとしている点、ライフサイクルにはない、個人等の年齢別の役割と出来事や、社会変動、変容との関わりを見ようとしている点、人生に影響を与えていると考えられる「同行集団」を示そうとしている点、等において、ライフサイクル論の限界を乗り越えようとしている。その意味で、成人期においても、それをより個人に近づけて捉えることができるようになったと言えよう。しかし、完全に個々人を捉えてライフコースを描くということには、学問的に限界があると思われる。

　なお、筆者は、ライフコースの考え方を、生涯教育・学習の現場で活用する提唱をした[3]。

Ⅱ．成人の学習の特徴

　池田秀男・堀薫夫は、マルカム・ノールズ（Malcolm S. Knowles, 1913～1997　アメリカ　成人教育学者）が示すアンドラゴジー（「成人の学習を援助する技術と科学」）等や、ジャックス・レーベル（Jacques Lebel）が示すジェロゴジー（高齢者教育学）の考え方をまとめて、表2を示している。

　ノールズのアンドラゴジーの一連の研究は、施設や教育内容からではなく、成人の特色や成人学習者の特色から、成人の学習を援助する理論と技術の体系化に向かおうとしている点で意義があると思われる。

　しかし、表2におけるアンドラゴジーについては、①成人期になれば、全ての人が、アンドラゴジー的特色をもった学習者に自然となるのか、②成人期の学習者にも、ペダゴジー的要素またはジェロゴジー的要素またはその両方をもった人もいるのではないか、等の疑問が生じる。

　成人の教育に関する現実的問題として、経験を貴重な学習資源とし、問題解決ができるような学習を、自己指導性をもって推進することのできるような成熟した学習者をいかに育成するかという難しい問題があると思われる。

表2　ペタゴジーおよびアンドラゴジー、ジェロゴジーの考え方

	ペタゴジー	アンドラゴジー	ジェロゴジー
学習者の自己概念	学習者は依存的で教師が学習場面の中心。	成熟するにつれて自己指導性（self-directednes）が増大。	高齢の学習者は年をとるにつれて依存的な自己概念をもつようになる。
学習者の経験の役割	あまり重きをおかない。それは出発点になるかもしれないが、教師の経験の方が重要。	学習者の経験は貴重な学習資源となる。	年をとるにつれて、もっている多くの経験をうまくつかいにくくなる（老人ボケなどの影響も考慮する必要があろう）。
学習へのレディネス	生物的発達をふまえた発達課題　社会的プレッシャー	社会的役割による発達課題から学習へのレディネスが生ずる場合が多い。	年をとるにつれて社会的役割が減少するため、それから離れた学習課題が必要となる。生理的要因が重要になる。
学習の見通し	延期された応用	応用の即時性	応用の即時性は2次的になり、学習経験そのもののなかに価値を見出そうとする。
学習への方向づけ	教材・教科中心	問題解決中心	興味をひく教科中心になる傾向がある。

〔典拠〕池田秀男・堀薫夫「生涯教育と成人教育」、元木健・諸岡和房編著（昭和59年）『生涯教育の構想と展開』第一法規出版、p.108。

　　　　[注]
(1) コンドルセ、松島鈞訳（昭和43年）『公教育の原理』、『世界教育学選集　第23巻』明治図書。
(2) ダニエル・レビンソン、南博訳（平成4年）『ライフサイクルの心理学（上）』講談社・講談社学術文庫1026。
(3) 拙稿「生涯発達と学習課題」、蛭田道春編（平成12年）『新生涯学習概論』日常出版株式会社、pp.52～63。

第2章

生涯各期の特性と学習支援
―高齢期―

> 高齢期を捉える研究をいくつか考察して、高齢期の学習支援の在り方を考えましょう。

Ⅰ. 高齢期を捉える研究

　長寿化、高齢社会の進展もあり、高齢期に対しては、様々な着目が集まり、多くの研究がなされてきている。今後も研究が進んでいくと思われる。

　高齢期の生涯教育・学習の研究という観点に立つと、現状では、高齢期の生涯教育・学習に応用・活用できるように、多くの研究の成果を吟味し、体系立った実践理論を確立するという作業はできているとは言いがたい。

　ここでは、まず近年の高齢期に関する知見を概観してみよう。

1. エイジング（aging）関連の研究からの知見

　エイジングとは、「老化」、「加齢」、などと訳される。一般的には「老化」の意味で使われることが多い。

　「老化」と訳すと、人の一生のライフスパンの後半を指すことが多くなる。しかし、エイジングは、そのままの英語で言えば、age（年齢、齢）を重ねていくこと、すなわち「加齢」である。この意味では、エイジングは、生まれてから死ぬまでを指すことになる。

　近年、老化に抵抗・対抗するという意味のアンチエイジングという言葉が多く使用されるようになった。加齢関連の疾患を予防・治療する医療は、抗老化

医療、それに関する学問は、抗老化医学と呼ばれる。

エイジングの研究により、高齢期に対する知見も蓄積されてきている。

2．老人学（ろうじんがく、Gerontology）からの知見

老人学とは、心理学的見地から、老齢化または老いることについて研究する学問である。発達心理学から派生した。老年学（ろうねんがく）とも言う。

1904年、ドイツの免疫学者エリー・メチニコフ（Elie Metchnikoff）によって"Gerontology"（ジェロントロジー）という名称が付けられた。ジェロントロジーのgeroは、ギリシャ語で"オールドエイジ"を意味する。

ジェロントロジーは、医学・生理学・生物学・政治学・経済学・社会学・心理学・栄養学など、多くの学問分野を横断的にカバーしている。

高齢者のライフワークなどを中心としたQOL（クオリティー・オブ・ライフ。生活の質）、健康・福祉、生活、人間関係、社会参加、生活行動、いきがい、衣食住とその条件整備、家計、年金、心や健康の管理、介護、死・倫理、などを広く研究している。

3．生涯発達心理学からの知見

発達心理学とは、人間の加齢に伴う発達的変化を研究する心理学の一分野である。

かつては、子どもが大人になるまでの過程が発達と考えられていた。研究も、幼児や青少年の成長過程に関心が寄せられていた。しかし、現在では、人は生涯を通して変化・成長を続けるものと捉えられるようになった。発達心理学は、加齢による人の一生涯の変化過程を研究対象とする。一生涯を対象とする為、生涯発達心理学（life-span developmental psychology）と呼称される場合もある。各発達段階での心的・社会的・身体的な発達とその為の条件、発達の阻害要因、発達障害などが、研究されている。

幼児心理学、児童心理学、青年心理学、老年心理学等の各発達段階に区分された学は、発達心理学に含まれると考えられる。近年、これらに加えて、胎児

期や壮年期の研究も行われている。

　高齢期の捉え方が変わってきた一例として、発達心理学の研究者により監修、指導された『ビジュアル生涯発達心理学入門』((株)サン・エデュケーショナル)の解説[1]では、高齢期を次のように捉えている。

　　「長い人生を越えてたどりついた高齢期、そこに生きる人達は一昔前の『老いた弱い人』ではありません。21世紀の高齢者は元気で活動的であり、人生経験を生かして、自立し、多様な価値観をもった集団といえます。かつての発達心理学では高齢者の様々な能力は一律に衰退するものと理解されてきました。しかし、近年の生涯発達心理学では生まれてから死に至るまでの人生を発達のプロセスとしてとらえ、そこでは様々な発達曲線が発見されています。
　　ここでは、高齢期になると低下のみと考えられてきた記憶、人格、知能などの心理機能の新しい発達プロセスを紹介し、長い人生を歩んできた者のみに備わる『知恵』が高齢期ではどのように発揮されるのかを、現代の高齢者の新しい社会参加のスタイル『プロダクティブ・エイジング』から解説しつつ高齢期の最後の発達課題に高齢者がどのように向き合うのかを見てゆきます。」

　高齢期において衰退しない能力の例として、ホーンとキャッテル(1966)は、結晶性知力という知力を示している[2]。ホーンとキャッテルは、知力を、流動性知力と結晶性知力という異なった複合物とする。流動性知力とは、単純な記憶力や計算力など、作業のスピードや効率性が問われる課題の遂行に役立つ知力のことを言う。これは、青年期をピークとして、その後低下していくと考えられる。これに対して、結晶性知力とは、言語理解や経験的判断など、作業の質が問われる課題の遂行に役立つ知力のことを言う。これは、成人期になっても増大し、老年期になっても発達するとされる。

　生涯教育・学習においては、ホーンとキャッテルが言う結晶性知力の開発や発達を図るような学習支援も重要となろう。

4．ジェロゴジー（gerogogy）・エルダゴジー（eldergogy）からの知見

　ジェロゴジー・エルダゴジーの語は、アメリカ・日本においては、高齢学習者の特性を考慮した学習援助論の体系化の脈絡で用いられることが多い。

ここでは、伊藤真木子の以下のまとめ[3]により、ジェロゴジー・エルダゴジーについて示してみよう。

「用語・考え方を広める契機となった Jacques Lebel の論文（1978）においては、アンドラゴジーと比較しつつ、ジェロゴジーを『高齢者を教える技術と科学』と定義し、高齢学習者の特性を次のように指摘していた。1）成人は、自己主導的な自己概念をもつのに対して、高齢者は依存的な自己概念をもつ、2）成人は学習資源となる経験を多くもつ→高齢者は多くの経験を学習資源として用いることが困難となる、3）成人の学習動機は、社会的（職業上の）役割と関連が大きい→高齢者の学習動機において、社会的（職業上の）役割との関連は小さくなる、4）成人は学習の成果の即時的な応用を志向する→高齢者は成果より過程、学習の経験それ自体を意味あるものとする。

その後、Gwen Yeo（1982）は、エルダゴジーの語を用いて、高齢者のための教育実践の計画・実施・評価のモデルを、1）ニーズの把握、2）クラスの設定、3）場所・日程の設定、4）カリキュラムと教授デザイン、5）学習支援者の種類・役割・組織、6）学習活動の継続への動機付け、という各段階に分けて提示している。

一方で、この間には、ペダゴジー／アンドラゴジーという図式に対しての批判的検討が進む。また、高齢期における教育・学習の必要性や可能性を論じ、高齢者のための学習機会の整備・充実を図ろうとする取り組みが、反面において、高齢者の特性を過度に強調することにより年齢差別を助長するというジレンマについての指摘・認識が広まっていく。そのなかで、アンドラゴジー／ジェロゴジーという図式についても根本的な批判が寄せられることとなるのである。たとえばヒューマナゴジー(humanagogy)という用語・考え方を提示した Russel S. Knudson(1979)、ゴジーマニア(Gogymania)という表現をした Bradley Courtenay and Robert Stevenson（1983）など、多様な成人の下位集団それぞれについて細分化した教育・学習論を志向することへの疑問・牽制が相次ぐこととなったのである。

今日では、ジェロゴジーに固有の理論やモデルの構築を期待するというよりは、ペダゴジー、アンドラゴジーという視点からはとらえ難い教育・学習の理解への寄与を期待する議論の多いことも指摘しうる。今日に至るまで、高齢者教育、高齢期の学習支援などの表現でまとめられる議論は多々、様々に展開をみてきたが、ジェロゴジーの体系化をなしたという論者や著書を特定できる段

階には至っていない。」

5．「脳科学と教育」研究に関する検討会

　平成14年3月13日、初等中等教育局、科学技術・学術政策局、研究振興局は、「脳科学と教育」研究に関する検討会の開催について、と題して最新の脳神経科学や発達認知科学等の成果を活用し、人文・社会科学を含めた新たな視点から、人間の誕生から生涯に亘る全ての学習のメカニズムに関する研究を推進するための計画等について検討することを発表した。そして、平成14年3月から、「脳科学と教育」研究に関する検討会を設置した。

　同会は、平成14年7月、「脳科学と教育」研究に関する検討（中間取りまとめ）を発表し、以下のように「研究の基本的な進め方」[4]を示した。

・「『脳科学と教育』研究の実施については、教育における課題を踏まえつつ、研究を進めることを基本とし、脳科学、教育学、保育学、心理学、社会学、行動学、医学、生理学等の研究を架橋・融合した取組みにより、研究を進めることが適当である。具体的には、教育サイドからの課題の提示に対して、脳科学をはじめ関係する科学が如何なる貢献ができるかとの観点からの対話・交流を進めつつ、これに基づき、架橋・融合した研究活動を行うことを基本的な進め方とする。」

・「『脳科学と教育』研究は、従来の脳科学でも、教育学でもない、新たな研究分野であり、脳科学、教育学、保育学、心理学、社会学、行動学、医学、生理学、言語学等の研究分野を架橋・融合した取組みである。異なる研究領域を有する研究者が研究目標や研究規範を共有しつつ、統合的目標である『脳科学と教育』研究に取組むことになる。」

・「『脳科学と教育』研究の実施体制については、本分野の研究が、広範な分野に亘る研究を架橋・融合するものであり、産・学・官の多数の研究機関がそれぞれ特色を活かしつつ研究を進めることができる、総合的な研究体制を構築することが重要である。特に人文・社会科学と自然科学の架橋・融合領域研究として、広範かつ多様な研究を展開し得る体制を構築することが必要で

ある。また、研究者や研究機関と学校、保育所、病院、療養所等の教育実践機関との緊密な連携協力が重要である。」
・「……、OECD／CERI による『学習科学と脳研究 (Learning sciences and brain research)』プロジェクトについては、本年から始まる3ヶ年計画の第Ⅱ期の活動において、我が国はこれを構成する3つの活動のうちの1つである『脳の発達と生涯に亘る学習』を担当する。(中略) なお、OECD／CERI『学習科学と脳研究』プロジェクトについては、第Ⅰ期に国際ワークショップを開催する等の対応を行ってきた理化学研究所が、国内関係者の協力を得つつ、引き続き我が国の中心として対応していくことが適当である。」

6．「科学技術振興機構」(Japan Science and Technology Agency, 略称：JST)

平成15年10月、科学技術振興事業団の独立行政法人化により設立された文部科学省所管の独立行政法人である。

この機構の「社会技術研究開発センター」のホームページ[5]によると、以下のような研究を進めてきている。

・「社会技術研究開発センター」は、平成13年度より、学習概念を、脳が環境からの刺激に適応し、自ら情報処理神経回路網を構築する過程として捉え、従来からの教育学や心理学等に加え、生物学的視点から学習機序の本質にアプローチすることを対象とした研究開発を推進している（研究開発プログラム「脳科学と教育」タイプⅠとして実施）。

・文部科学省「脳科学と教育」研究に関する検討会報告『「脳科学と教育」研究に関する推進方策について』(平成15年7月)に基づき、社会・生活環境の変化が心身や言葉の発達に与える影響やそのメカニズムについて、固定の統計群を経時的に追跡する追跡研究的手法により明らかにすることを目指した新規研究「心身や言葉の健やかな発達と脳の成長」を平成16年度に設定し、研究統括のリーダーシップのもと研究開発を推進するミッション研究、及び広く研究提案を募る公募型研究の連携により開始した（ミッション研究は計画型研究開発「日本における子供の認知・行動発達に影響を与える要因の解明」として、公

募型研究は「脳科学と教育」タイプⅡとしてそれぞれ実施)。
　「脳科学と教育」タイプⅠでは、東北大学加齢医学研究所教授川島隆太の「高齢者と学習障害の脳機能改善コホート研究」などが採択された。

7．人文・社会科学と自然科学の架橋・融合領域研究の知見

　人文・社会科学と自然科学の架橋・融合領域研究も進み、高齢期の研究もより進むことになった。
　ここでは、1例として、光トポグラフィ（法）を示してみたい。
　1995（平成7）年に発表された光トポグラフィ法は、日立製作所が開発した脳機能画像計測法である。2001年、株式会社日立メディコによって、光トポグラフィが製品化された。光トポグラフィは、特別な測定環境（例えば、MRIなどの大きな機械の中に人間を拘束すること）を必要とせず、頭に装着する為、被験者を大きく束縛せずに比較的自然な状態で測定することができる。また、無害の赤外線を用いて大脳皮質の血流量を測定する為、安全である。
　光トポグラフィで計測できるのは、脳の最表層の大脳皮質である。人間の脳は大きく分けて、小脳・中脳・大脳皮質の3層の構造からなる。中心部から外側に向かうに従い高次な機能を担っている。大脳皮質は最後に進化した部位であり、人間が「より良く生きる」為の高次脳機能をつかさどっている。光トポグラフィにより、この重要な部位の状態を可視化し理解・解明することができるようになった。
　従来の行動学的手法では、入力（刺激）と出力（反応）から人の能力を知ろうとした。ここでは、内的な状態を推測していた。しかし、脳機能画像計測法を用いることにより、入力と出力に加え、脳内の状態を瞬時に知ることができるようになった。すなわち、内的な状態が直接、画像で観測できるようになった。
　光トポグラフィ法について、牧敦（平成18年）「光トポグラフィの点と線─脳、そして人間科学へ─」は、次のように詳細に説明している[6]。

「光トポグラフィ法とは、近赤外分光法を用いて、大脳皮質機能を脳表面に沿ってマッピングすることを目的として開発された。トポグラフィを英語で記述するとTopography（地勢図）となるが、topo-とはギリシャ語のtoposに由来し『場所』を意味する。Topographyの原義は地形図を指し、概念としては地図上の各点に、もう一次元の情報を載せたものである。脳の表層を形成する大脳皮質の脳地図（機能地図、髄鞘化地図、解剖地図）は古くからトポグラフィックマッピング（TopographicMapping, Topogram）と称されてきた。そのため、初めて発表した際に近赤外光トポグラフィと名付けた。その後、最適波長の研究から、近赤外領域の光だけではなく可視光も使用できることがわかり、光トポグラフィという名称が概念を正確に表現していることが明らかとなった。」

また、牧敦は、同論文において、脳機能画像計測法の意義等を次のように指摘している[7]。

「脳機能画像計測法は、脳活動に伴う微弱な電磁界変化を計測する方法と、局所的な血液量変化を計測する方法に大別される。前者は脳波計・脳磁計、後者はfMRI・PET、そして光トポグラフィがあげられる。これら脳機能画像計測法と行動学的な研究手法を比較すると……、脳機能画像計測法が、従来の行動学的手法と相反するものではなく、情報を付加する役割を持つことがわかる。すなわち、脳の活動を脳機能画像計測法で計測することによって、より生物学的裏付けを持った脳そして人間の理解が可能になる。それでは、脳活動を観測することによって、脳の何を理解することができるのか。

一つは、脳の機能局在性であろう。その発端は、言語障害のある脳損傷患者の死後の解剖から、左側頭部に言語中枢が存在していること（を―引用者注）発表した1861年のP. Brocaの研究である。また、1937年脳外科手術中の脳に電極を刺して行ったW. Penfieldの実験は、全身の運動・感覚機能が地図のように大脳皮質上に分布していることを明らかにした。これらの研究から、脳の部位と機能の関連性に興味が持たれ、脳の機能局在を探る多くの研究が進められてきた。そして、無侵襲的な脳機能画像計測法によって、安全に機能の局在を可視化できるようになり、その研究対象を健常者へと広げていくことが可能になった。

視覚や聴覚など基本的な機能の存在する場所は、誰でも大体同じであると考えられている。したがって、健常者の標準的な脳機能地図を書き出すことができれば、脳損傷による機能障害も予測できるようになる。しかし、発達や障害

からの回復に応じた機能地図の変化はまだ詳細にわかっておらず、今後の重要な課題となる。
　一方、機能局在とは別に、脳をシステムととらえたアプローチ方法も重要である。機能局在を還元論的な方法で突き詰めていくと、……、機能単位の発見が重要ということになる。しかし、局在する機能は脳の中で互いにつながり、脳は全体的なシステムとして機能している。したがって、局在する機能間のつながり（機能関連性）も重要な課題である。現在、MRIを用いて脳内の神経束のつながりを可視化する技術によって脳内の場所間の関連性は見えてきている……。」

　光トポグラフィの開発により、次のように、教育・学習に様々な可能性が広がってきていると考えられる。
　まず、比較的自然な状態で脳機能を測定することができる為、乳幼児の脳機能描画や、高齢者の学習活動への援助、障害者の教育・学習への応用・活用などの新しい分野に道を拓くことが可能となった。
　次に、高次脳機能の理解が進むと、学術的・臨床的な意義だけでなく、人間の生涯にわたるよりよい生活づくりに資するような教育・学習に寄与することができていくであろう。

8．高齢者と実際に接して得られる知見
　医療行為、臨床心理学的なアプローチ、福祉実践、健康づくりの実践、生涯教育実践、生涯学習の支援、観光、など高齢者と実際に接する諸々の実践から得られる知見も多い。それらに関した学会等で事例研究として発表されているものもある。正規の手続きを経て得られる知見であれば、科学的と言えるであろう。こうした知見も、重要だと思われる。

Ⅱ．高齢期の学習支援

1．高齢期の学習支援の流れ

　塩谷久子は、現在の熟年大学の活動までの歴史的段階を3つに分けて、以下のようにまとめている[8]。

　「第1段階は戦後から1970年代末までの『基盤整備』の段階である。戦後初期の公民館活動は地域づくりの拠点として期待された。高齢者の学習機会は福祉的な事業と考えられ、福祉的色彩の強い公民館事業の中に取り込まれて発展していった。同時期に老人クラブもスタートし、高齢期の生活を有意義に過ごすための地域の生活基盤が法的に整備されはじめた時代である。その後、社会教育法の改正などにより、教育と地域福祉の業務分掌が明確になり、公民館活動と福祉の関連性が薄れていった。一方、ゆとりのある市民層の出現で公民館活動は市民大学に代表される都市型公民館のタイプへと変容していった。高齢者の学習機会も、教育委員会や社会福祉協議会が主催する講座や学級が増加し、熟年大学、高齢者学級、老人大学などの名称で広まっていった。

　第2段階は1980年代から1990年代半ばまでの『生きがい対策』として重視された段階である。1985年（昭和60年）には日本人の平均寿命が80歳を超え、高齢者人口の量的拡大があった。この背景の下に、高齢者は生きがいを持って自立して生きることを要請された。教育行政・福祉行政の双方から高齢者の自立を推奨し、生きがい対策のプログラムが数多く提供されるようになった。（中略）

　第3段階は1990年代半ばから現在にいたる『共生と介護予防』の段階である。1994年は高齢者人口が総人口の14.1％に達し、世界保健機構（WHO）の定義する高齢社会へと突入し、高齢社会の一つの区切りの年であった。この時代の特色は、高齢者は『保護』される世代ではなく、人々と『共生』する存在であるとする高齢者観の転換が明確に打ち出されたことである。さらに『健康寿命』という言葉に象徴されるように要介護状態にならないための『介護予防』政策が強化された。『熟年大学』をはじめとする高齢者の学習機会においても、健康関連テーマの講座が多く提供されている。」

2．高齢期の学習支援の方向

　容易ではないが、今後は、Ⅰでみたような諸々の科学的知見を、部分的にではなく、有機的に統合された形でまとめて、高齢期の学習支援に活用していくことも重要であろう。

　有機的に統合されたものから、高齢期の新たな発達課題を提示できるようになれば、学習支援も行いやすくなると思われる。

　前述の医療行為、臨床心理学的なアプローチ、福祉実践、健康づくりの実践、生涯教育実践、生涯学習の支援、観光、など高齢者と実際に接する諸々の実践から得られる知見も、学習プログラムや「熟年大学」のカリキュラムなどの作成の際に、役に立つ可能性がある。

[注]
(1) 発達心理学の研究者により監修、指導された『ビジュアル生涯発達心理学入門』（(株)サン・エデュケーショナル）の解説。URL http://www.sun-edu.co.jp（平成20年11月1日）。
(2) Horn, J. L., and Cattell, R. B., 1966, "Refinement and Test of the Theory of Fluid and Crystallized Intelligence." *Journal of Educational Psychology*, 57：pp. 253〜270。
(3) 伊藤真木子（登録年月日：平成18年11月2日）「ジェロゴジー（エルダーゴジー）（じぇろごじぃ（えるだぁごじぃ））」、日本生涯教育学会『生涯学習研究e辞典』。
(4) 「脳科学と教育」研究に関する検討会（平成14年7月）「『脳科学と教育』研究に関する検討（中間取りまとめ）」。
(5) 「社会技術研究開発センター」ホームページ。URL http://www.ristex.jp（平成20年11月1日）。
(6) 牧敦（平成18年5月）「光トポグラフィの点と線—脳、そして人間科学へ—」、『日立評論』Vol.88、2006年5月号、p.59。
(7) 同上、pp.61〜62。
(8) 塩谷久子（登録年月日：平成18年11月4日）「熟年大学」、日本生涯教育学会『生涯学習研究e事典』。

★調べてみよう
　①デス・エデュケーションについて調べてみよう。
　②ビハーラについて調べてみよう。

第3章

生涯教育・学習の方法⑴
―図書館、博物館利用による学習―

> 生涯教育・学習の方法は豊かです。ここでは、図書館、博物館利用による学習をみてみましょう。さらに、利用者側からみて、図書館、博物館に改善の余地があるかを考えてみましょう。

図4　生涯教育・学習の方法と学習の発展

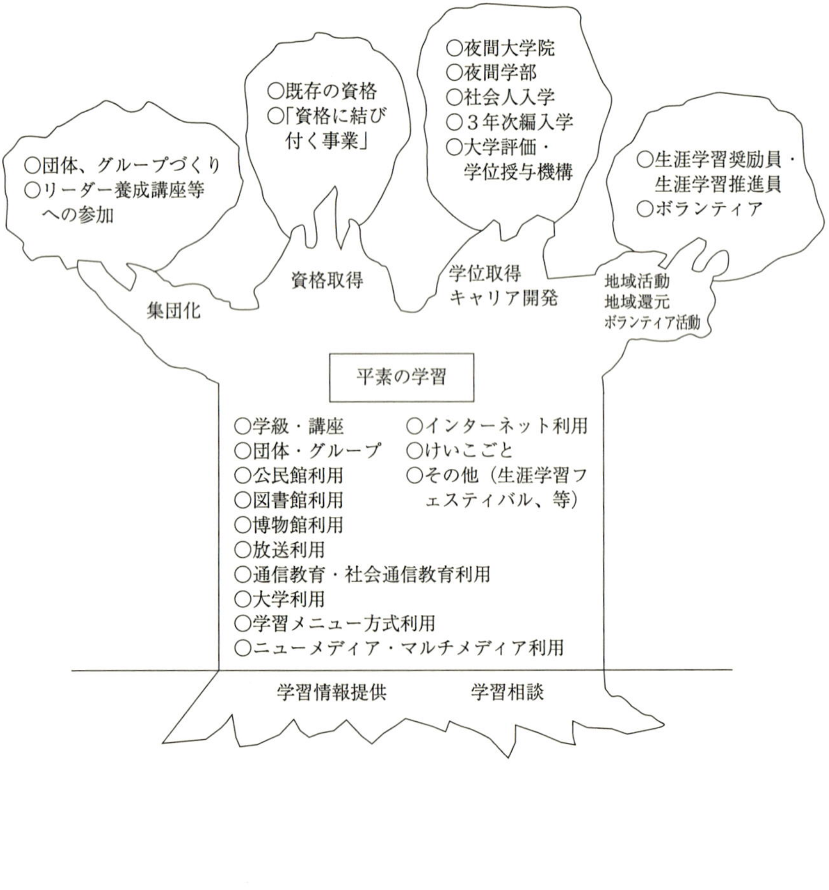

- ○団体、グループづくり
- ○リーダー養成講座等への参加

集団化

- ○既存の資格
- ○「資格に結び付く事業」

資格取得

- ○夜間大学院
- ○夜間学部
- ○社会人入学
- ○3年次編入学
- ○大学評価・学位授与機構

学位取得
キャリア開発

- ○生涯学習奨励員・生涯学習推進員
- ○ボランティア

地域活動
地域還元
ボランティア活動

平素の学習

- ○学級・講座
- ○団体・グループ
- ○公民館利用
- ○図書館利用
- ○博物館利用
- ○放送利用
- ○通信教育・社会通信教育利用
- ○大学利用
- ○学習メニュー方式利用
- ○ニューメディア・マルチメディア利用
- ○インターネット利用
- ○けいこごと
- ○その他（生涯学習フェスティバル、等）

学習情報提供　　学習相談

Ⅰ．生涯教育・学習の方法

1．生涯教育・学習の方法と学習の発展
　生涯教育・学習の方法は、現時点でも多くあり、今後も開発される可能性をもっている。生涯教育・学習の方法とそれを活用した学習の発展の様子を図にしてみる（図4参照）。
　生涯教育・学習の方法には、上記の絵の幹に示した多くのものがある。以下、このうちの図書館利用、博物館利用、大学利用、インターネット利用、による学習についてみてみる。

Ⅱ．図書館利用による学習

1．図書館について
　図書館について、基本的事項を法律から抜粋してみる。
(1)　図書館
　　○「国及び地方公共団体は、図書館、博物館、公民館その他の社会教育施設の設置、学校の施設の利用、学習の機会及び情報の提供その他の適当な方法によって社会教育の振興に努めなければならない。」（『教育基本法』第12条第2項）
　　○「教育機関」（『地方教育行政の組織及び運営に関する法律』第30条）である。
　　○「図書館及び博物館は、社会教育のための機関とする。」（『社会教育法』第9条第1項）
　　○「この法律において『図書館』とは、図書、記録その他必要な資料を収集し、整理し、保存して、一般公衆の利用に供し、その教養、調査研究、レクリエーション等に資することを目的とする施設で、地方公共団体、日本赤十字社又は民法（明治二十九年法律第八十九号）第三十四条の法人が設置するもの（学校に附属する図書館又は図書室を除く。）をいう。」（『図書

館法』第 2 条第 1 項）

○「図書館は、図書館奉仕のため、土地の事情及び一般公衆の希望に沿い、更に学校教育を援助し、及び家庭教育の向上に資することとなるように留意し、おおむね次に掲げる事項の実施に努めなければならない。

　一　郷土資料、地方行政資料、美術品、レコード及びフィルムの収集にも十分留意して、図書、記録、視聴覚教育の資料その他必要な資料（電磁的記録（電子的方式、磁気的方式その他人の知覚によつては認識することができない方式で作られた記録をいう。）を含む。以下『図書館資料』という。）を収集し、一般公衆の利用に供すること。

　二　図書館資料の分類排列を適切にし、及びその目録を整備すること。

　三　図書館の職員が図書館資料について十分な知識を持ち、その利用のための相談に応ずるようにすること。

　四　他の図書館、国立国会図書館、地方公共団体の議会に附置する図書室及び学校に附属する図書館又は図書室と緊密に連絡し、協力し、図書館資料の相互貸借を行うこと。

　五　分館、閲覧所、配本所等を設置し、及び自動車文庫、貸出文庫の巡回を行うこと。

　六　読書会、研究会、鑑賞会、映写会、資料展示会等を主催し、及びこれらの開催を奨励すること。

　七　時事に関する情報及び参考資料を紹介し、及び提供すること。

　八　社会教育における学習の機会を利用して行つた学習の成果を活用して行う教育活動その他の活動の機会を提供し、及びその提供を奨励すること。

　九　学校、博物館、公民館、研究所等と緊密に連絡し、協力すること。」
（『図書館法』第 3 条）

(2) 職員

○「図書館に置かれる専門的職員を司書及び司書補と称する。」（『図書館法』第 4 条第 1 項）

○「司書は、図書館の専門的事務に従事する。」(『図書館法』第4条第2項)

2．生涯学習・高度情報化の時代における図書館の在り方

　社会教育審議会社会教育施設分科会報告「新しい時代（生涯学習・高度情報化の時代）に向けての公共図書館の在り方について（中間報告）」(昭和63年2月）は、生涯学習の推進、高度情報化社会の到来という新たな観点からの公共図書館の機能として、以下の4つを指摘している。

(1)　図書館資料・情報の提供

　住民の求めに応じいろいろな情報源から情報を抽出して提供するレファレンス・サービスや、館外の情報源についての情報を提供したり紹介するレフェラル・サービスの充実と高度化。業務の機械化やオンライン化などの情報処理能力の向上。

(2)　学習機会の提供

　施設・設備の提供などの他、読書普及事業を実施するなど多様な学習機会の提供。児童と図書とを結びつけるような機会を積極的に提供。

(3)　図書館資料・情報の収集・保存

　図書館職員や個々の館ではなく、専門的知識を有する住民や他の図書館などとの連携の下での図書館資料や情報の収集。都道府県立図書館と市町村立図書館との間、各市町村立図書館相互の間での収集分担。大学図書館などの図書館機能の一層の地域への開放。保存スペースの確保や電子的な保存方法についての検討。

(4)　調査・研究開発

　調査・研究開発機能の開発。図書館に対する地域住民の要求や地域の諸条件の調査分析・把握。情報を自ら生産し、発進していくこと。

　その他、図書館整備地域の拡大、公共図書館間のネットワーク化、公共図書館と類縁機関等とのネットワーク化、データベースの構築、新しいメディアの効果的な導入等にもふれている。今後、(1)～(4)の機能やネットワーク化等の充実により、個人学習への援助が進むものと思われる。

3．図書館に対する新しい動き

　これからの図書館の在り方検討協力者会議（文部科学省設置）「これからの図書館像―地域を支える情報拠点をめざして―（報告）」（平成18年3月）は、「これからの図書館サービスに求められる新たな視点」として、以下の9つを指摘している。

(1) 図書館活動の意義の理解促進

　図書館は様々な資料や情報を分類・整理・保管し、案内・提供するとともに、あらゆる情報を一箇所で提供しうる「ワンステップサービス」機関であり、職員がそれを求めに応じて案内する点に大きな特色がある。あわせて情報リテラシーを育成する役割を持っている。

　図書館を「役に立つ図書館」として認知してもらえるよう努めていく必要がある。

(2) レファレンスサービスの充実と利用促進

(3) 課題解決支援機能の充実

　地域の課題解決に向けた取組に必要な資料や情報を提供し、住民が日常生活をおくる上での問題解決に必要な資料や情報を提供するなど、地域や住民の課題解決を支援する機能の充実が求められる。問題解決支援には、行政支援、学校教育支援、ビジネス（地場産業）支援、子育て支援等が考えられる。

(4) 紙媒体と電子媒体の組合せによるハイブリッド図書館の整備

　印刷媒体とインターネット等による電子媒体を組み合わせて利用できる図書館（ハイブリッド図書館）を目指すことが緊急の課題である。

　図書館は、「地域のポータルサイト」を目指す必要がある。

(5) 多様な資料の提供

(6) 児童・青少年サービスの充実

(7) 他の図書館や関係機関との連携・協力

(8) 学校との連携・協力

(9) 著作権制度の理解と配慮

　著作物の円滑な流通を図るため、図書館と権利者、著作者等の間で協議、検

4．図書館に対する新しいアイディア

図書館に対する新しいアイディアとして、以下のようなことが挙げられる。

(1) 図書の貸し出しにおけるコンピューターの本格的導入

①自動書庫：コンピューター制御された自動書庫は、大量の図書館資料を管理し、図書館資料の出納も容易にすることができる。

②資料の検索：既に、多くの図書館で導入されているが、図書館資料の検索をコンピューターでできるようにする。

③効率的な貸し借り：広域で図書館がネットワークを組み、コンピューター制御で効率的に図書館資料の貸し借りを行い管理するシステム（数台のエレベーターを、状況に応じて効率的に動かすようなシステムを想定）を作るとよいであろう。

(2) 翻訳機能付図書館

ハイブリッド図書館における電子媒体の領域は、今後多くの開発の余地がある。例えば、世界各国の図書館とつながり、かつ翻訳機能をもった図書館ができれば、世界中の図書館資料から学習できるようになるであろう。

Ⅲ．博物館利用による学習

1．博物館について

博物館について、基本的事項を法律から抜粋してみる。

(1) 博物館

○「教育機関」（『地方教育行政の組織及び運営に関する法律』第30条）である。

○「この法律において『博物館』とは、歴史、芸術、民俗、産業、自然科学等に関する資料を収集し、保管（育成を含む。以下同じ。）し、展示して教育的配慮の下に一般公衆の利用に供し、その教養、調査研究、レクリエーション等に資するために必要な事業を行い、あわせてこれらの資料に関

する調査研究をすることを目的とする機関（社会教育法による公民館及び図書館法（昭和二十五年法律第百十八号）による図書館を除く。）のうち、地方公共団体、民法（明治二十九年法律第八十九号）第三十四条の法人、宗教法人又は政令で定めるその他の法人（独立行政法人（独立行政法人通則法（平成十一年法律第百三号）第二条第一項に規定する独立行政法人をいう。第二十九条において同じ。）を除く。）が設置するもので次章の規定による登録を受けたものをいう。」（『博物館法』第2条）

○「博物館は、前条第一項に規定する目的を達成するため、おおむね次に掲げる事業を行う。

一　実物、標本、模写、模型、文献、図表、写真、フィルム、レコード等の博物館資料を豊富に収集し、保管し、及び展示すること。

二　分館を設置し、又は博物館資料を当該博物館外で展示すること。

三　一般公衆に対して、博物館資料の利用に関し必要な説明、助言、指導等を行い、又は研究室、実験室、工作室、図書室等を設置してこれを利用させること。

四　博物館資料に関する専門的、技術的な調査研究を行うこと。

五　博物館資料の保管及び展示等に関する技術的研究を行うこと。

六　博物館資料に関する案内書、解説書、目録、図録、年報、調査研究の報告書等を作成し、及び頒布すること。

七　博物館資料に関する講演会、講習会、映写会、研究会等を主催し、及びその開催を援助すること。

　　　　　（中略）

九　社会教育における学習の機会を利用して行つた学習の成果を活用して行う教育活動その他の活動の機会を提供し、及びその提供を奨励すること。

　　　　　（中略）

十一　学校、図書館、研究所、公民館等の教育、学術又は文化に関する諸施設と協力し、その活動を援助すること。」（『博物館法』第3条）

(2) 職員
　○「博物館に、館長を置く。」(『博物館法』第4条第1項)
　○「館長は、館務を掌理し、所属職員を監督して、博物館の任務の達成に努める。」(『博物館法』第4条第2項)
　○「博物館に、専門的職員として学芸員を置く。」(『博物館法』第4条第3項)
　○「学芸員は、博物館資料の収集、保管、展示及び調査研究その他これと関連する事業についての専門的事項をつかさどる。」(『博物館法』第4条第4項)
　　※　学芸員は、ア．博物館資料の収集、保管者、イ．展示や教育普及等の教育的専門職員、ウ．調査研究をする研究者、である。

2．生涯学習の要請に応える博物館の整備・運営の在り方

　社会教育審議会社会教育施設分科会「博物館の整備・運営の在り方について」(平成2年6月)は、生涯学習の要請に応える為の柔軟な発想での活動として、次のことを指摘している。
(1) 教育普及活動の多様化と充実
　教育普及活動の充実(「ふるさと文化講座」「科学体験教室」。野外での活動。展示に関連する映画会、コンサートなどの多彩な活動)。学習相談の実施。他の生涯学習関連施設・機関や団体などとの連携・協力。資料・情報のネットワーク化。教育ボランティアの導入等。いわゆる「友の会」などの組織の充実。
(2) 資料の充実と展示の開発
　教育的価値の高い資料の整備。実物資料に関する模型、模造、模写、複製の資料の一層の活用。各種メディアの活用。
(3) 研究活動の充実
　国立博物館による他の博物館の研究活動への積極的協力。博物館相互間に連携。大学等研究機関との連携。国や民間等における助成制度の一層の活用。
(4) 学校教育との関係の緊密化
　学校教育の中で博物館を利用する機会を増やす。博物館活動への教員の参加協力。

3．博物館に対する近年の動き

　文部科学省が設置した「これからの博物館の在り方に関する検討協力者会議」が中心となり、「新しい時代の博物館制度の在り方」（平成19年6月報告）が検討された。そして、平成20年の第169回国会に、一連の報告・提言を受けた「社会教育法等の一部を改正する法律案」[1]が、上程された。

　「博物館法」の改正法案の特色は、以下である。これらの案は、平成20年6月の『博物館法』の改正で実現された。

(1)　「博物館資料」に、「電磁的記録」（電子的方式、磁気的方式その他人の知覚によっては認識することができない方式で作られた記録）を加えた点。

(2)　博物館の事業に、社会教育の学習機会で得た成果の活用機会を提供すること、その奨励を行うこと、の項目を加えた点。

(3)　学芸員補の職の資格要件に、社会教育主事、司書を加えた点。

(4)　文部科学大臣及び都道府県の教育委員会に対し、「学芸員及び学芸員補の研修」に関してその資質向上のための研修実施に努めるよう示した点。

(5)　「運営の状況に関する評価等」や「運営の状況に関する情報の提供」について、運営評価の実施とその結果に基づいた改善措置への取り組み、地元住民との連携とそのための情報公開等の必要性、を示した点。

(6)　「博物館協議会」の委員の要件として、学校教育及び社会教育の関係者、学識経験のある者の他に、「家庭教育の向上に資する活動を行う者」を追加した点。

4．博物館に対する新しいアイディア

　博物館に対する新しいアイディアとして、以下のようなことが挙げられる。

(1)　博物館によるまちづくり

　中央教育審議会答申「新しい時代を切り拓く生涯学習の振興方策について―知の循環型社会の構築を目指して―」（平成20年2月）中にある博物館によるまちづくりが重要であろう。地域で発掘された資料が、いわゆる「博物館行き」となって常設されたり倉庫に眠ったりするだけでなく、その資料を使って、住

民参加のもとに、企画展を作ったり、まちづくりやまちおこしにつなげていくことがよいと思われる。

(2) ハイブリッド博物館

実物とインターネット等による電子媒体を組み合わせて利用できる博物館（ハイブリッド博物館）を進め、全国どこにいても、博物館を楽しめるようにする。

Ⅳ．生涯学習関係施設に対する新しいアイディア

ここでは、図書館と博物館だけをみてきたが、この他にも、多くの生涯学習関係施設がある。それらに共通して入る余地のあるアイディアとして、以下の2つを挙げてみたい。

1．ユニバーサルデザイン化

ユニバーサルデザイン（Universal Design, UD）とは、全ての人の施設・製品・情報等の設計（デザイン）のことである。文化・言語・国籍等の相違や、年齢差・性差といった差異や、障害・能力のいかんに関わらずに利用できるデザインであることを重要とする。ノースカロライナ州立大学（米）のユニバーサルデザインセンター所長であったロナルド・メイス（Ronald L. Mace, 1941～1998 建築家・工業デザイナー）が、1985年に正式にペーパーで提唱した。

「できるだけ多くの人が使用可能であるようなデザインにすること」が基本コンセプトであり、対象者を障害者・高齢者等に限定しない点が、バリアフリーとは異なり、最初からバリア無き世界を構築することをめざしている。

ユニバーサルデザインの7原則は、①Equitable use（誰でも公平に使えること：公平性）、②Flexibility in use（柔軟に使用できること：自由度）、③Simple and intuitive（使い方が簡単にわかること：単純性）、④Perceptible information（必要な情報がすぐにわかること：わかりやすさ）、⑤Tolerance for error（間違えても危険につながらないこと：安全性）、⑥Low physical effort（身体への負担が少ないこと：省体力）、⑦Size and space for approach and use（使う時の十分な大きさ・空間があること：スペース

の確保)、である[2]。

　この先、全ての人が簡単に使える生涯学習関係施設をめざせば、改善の余地はまだ残されていると思われる。

2．複合型の生涯学習関係施設

　生涯学習関係施設は、それぞれの存在意義をもって発達してきた。また、それぞれが協会・連合会等の組織を作り、存在を確かなものにしてきた。

　ここで、もう1度学習者側の視点に立って生涯教育・学習を考えたら、複合型の生涯学習関係施設を設立することも有効かもしれない。例えば、恐竜を調べたい場合、もしひとつの複合型の生涯学習関係施設で、図書（図書館の領域）、実物（博物館の領域）、絵画（美術館の領域）、映像・音声（視聴覚センター・視聴覚室の領域）、等により学習できれば、効率性、内容の充実度、等において優れることとなり、学習者の為にもなる。

　今後、複合型の生涯学習関係施設により、生涯教育・学習をより充実させていくことを進めてもよいのではないだろうか。

　　　　　　［注］
(1) 文部科学省ホームページ中、「第169回国会における文部科学省提出法律案」。URL http://www.mext.go.jp/b_menu/houan/an/169.htm（平成20年11月17日）。
(2) The Center for Universal Design, NC State University による原文、より。

★調べてみよう
　①社団法人「日本図書館協会」(〒104－0033　東京都中央区新川1－11－14。TEL.03－3523－0811、FAX.03－3523－0841、URL http://www.jla.or.jp) の行事等を調べてみよう。
　②財団法人「日本博物館協会」(〒100－8925　東京都千代田区霞が関3－3－1尚友会館。TEL.03－3591－7190〈代表〉、FAX.03－3591－7170、URL http://www.j-muse.jp) の行事等を調べてみよう。
　③わが国の図書館、博物館の歴史を調べてみよう。
　④インターネットで、興味を引かれる図書館、博物館を見つけて、調べてみよう。

★考えてみよう

①図書館、博物館、美術館、視聴覚センター、等の複合型の生涯学習関係施設を発想し、利用者にとってよい施設を考えてみよう。

★行ってみよう

①全国には、生涯学習関係機関・施設等が集中して集まっているエリアがあります。例えば、東京都台東区上野は、生涯学習関係機関・施設等の宝庫です。ゆっくり歩いて見学・視察をしてみよう。モデルコースは、「東京文化会館」→「国立西洋美術館」→「野口英世銅像」→「国立科学博物館」→「東京国立博物館」→「東京国立博物館平成館」→「旧因州池田屋敷表門」→「国際子ども図書館」→「国立教育政策研究所社会教育実践研究センター」(〒110-0007　東京都台東区上野公園12-43。TEL.03-3823-0241、FAX.03-3823-3008、URL http://www.nier.go.jp)→「寛永寺」(→「パティシエ　イナムラ　ショウゾウ」※パティシエの世界を学ぶ)→「東京藝術大学美術館」→「旧東京音楽学校奏楽堂」(と敷地内の滝廉太郎銅像)→「東京都美術館」→「恩賜上野動物園」→「旧寛永寺五重塔」→「ソメイヨシノの桜並木」(→「上野精養軒」※わが国の洋食屋の歴史や精養軒の歴史を学ぶ)→「不忍池」と「弁天堂」→「台東区立下町風俗資料館」→「西郷隆盛像」→「彰義隊の墓」→「上野の森美術館」。気に入った機関・施設等には、何度も足を運ぶとよいでしょう。また、ホームページを開いてみるのもよいでしょう。

第4章

生涯教育・学習の方法(2)
―大学利用による学習―

> 近年、大学が提供する生涯教育・学習は、以下のように豊富になってきました。大学公開講座、図書館開放、大学通信教育、夜間大学院・夜間学部・短期大学夜間学科、昼夜開講制、社会人入学、通信制大学院、3年次編入学、聴講生・研究生等の制度、科目等履修生制度、大学評価・学位授与機構、サテライト開設、「ユニバーシティミュージアム」(大学の学術研究や知的資源等を社会に提供する場)の整備。大学利用による学習のいくつかをみて、さらによいアイディアがあるか考えましょう。

Ⅰ．大学通信教育利用による学習

1．大学通信教育について

　大学通信教育は、昭和22年に学校教育法により制度化され、昭和25年に正規の大学教育課程として認可(文部省認可通信教育)されたものである。「正規の課程」に正科生として入学するには、大学入学資格が必要となる。

　一般に社会通信教育と言われている通信教育は、『社会教育法』第50条「通信の方法により一定の教育計画の下に、教材、補助教材等を受講者に送付し、これに基き、設問解答、添削指導、質疑応答等を行う教育」に基づくものであり、これとは違う。

　大学通信教育においては、平成11年4月、大学院で修士課程の通信教育が開始され、平成15年4月、大学院で博士課程の通信教育が開始された。

2．大学通信教育の特色

大学通信教育は、以下のような特色をもつ教育である。
(1) 入学に関しては、ア．入学資格は、一般的に言えば、高等学校を卒業またはそれと同等以上の学力があると認められた者、あるいは高等学校卒業程度認定試験（旧大学入学資格検定）に合格した者等、イ．多くの大学・短期大学で、入学時期は年２回、ウ．入学試験は、原則として書類選考、エ．編入学・再入学・編入学も可能、である。
(2) 履修方法には、大学または短期大学の卒業をめざす正規の課程「正科生」の他に、「聴講生」（「科目等履修生」）、「科目別履修生」（「科目等履修生」）、「特修生」（「科目等履修生」）、がある。
(3) 学習方法に関しては、大学通信教育設置基準（文部科学省令）により、①印刷教材等による授業、②放送授業、③面接授業、④メディアを利用して行う授業、の４つが規定されている。
(4) 取得できる資格としては、教員免許状、保育士、社会教育主事、司書、学芸員、社会福祉主事、認定心理士、社会福祉士受験資格、一級建築士受験資格、教育カウンセラー受験資格、等がある。

Ⅱ．夜間大学院利用による学習

1．夜間大学院について

　夜間大学院とは、「夜間において授業を行う研究科」（『学校教育法』第66条の２、夜間研究科）が置かれた大学の大学院のことを指す。

　教育上特別の必要があると認められる場合に、「夜間その他特定の時間又は時期において授業又は研究指導を行う等の適当な方法により教育を行う」（「大学院設置基準」第14条）大学院の課程が存在するが、これは、上記の「夜間において授業を行う研究科」とは別のものである。昼夜開講制の大学院と呼んでいる大学院は、「大学院設置基準」第14条に基づく課程である場合が多い。

　平成元年度に、修士課程における夜間大学院が実施導入された。平成５年度

に、博士課程においても実施導入され、夜間のみの授業で博士の学位の授与を受けることも可能になっている。

2．夜間大学院の発展

　夜間大学院は、学習意欲の高い人々の受け皿として、重要な役割を担っていると考えられる。また、一人ひとりの職業人等が、社会的役割を担っている大学で、再度教育を受け学習をすることの意義は大きいと思われる。今後は、現在用意されている分野だけでなく、時代のニーズ等も考慮した多くの分野の夜間大学院が用意されるのが望ましいと思われる。

Ⅲ．大学改革支援・学位授与機構との関わりによる学習

1．大学改革支援・学位授与機構について

　平成3年7月に学位授与機構（平成28年から、大学改革支援・学位授与機構となる）が設立され、大学・大学院の正規の課程を修了していなくても、大学・大学院の修了者と同等の水準にあると認められる者に対して学位授与が可能となった。
　「独立行政法人大学改革支援・学位授与機構」ホームページ[1]によると、以下の2種類の学位授与が行われている。

(1) 短期大学・高等専門学校卒業者等を対象とする単位積み上げ型の学士の学位授与（学士）

　短期大学及び高等専門学校の卒業者など、高等教育機関において一定の学習を修め、その「まとまりのある学修」の成果をもとに、さらに大学の科目等履修生制度の利用や機構が認定した専攻科（認定専攻科）などにおいて所定の単位を修得し、かつ機構が行う審査の結果、大学卒業者と同等以上の学力を有すると認められた方に対して、学士の学位を授与する。

　この制度のもとでは、各人の興味・関心に応じて複数の大学で単位を修得すること、在学年限の制約を受けることなく自らのペースで単位修得を行うこと等、学習者一人ひとりのニーズに応じた多様な学習の積み重ねの成果を学士の

学位取得へとつなぐことができる。このように、大学に学部学生として在籍することなく、単位修得の積み重ねによって学位取得を可能にする制度を「単位累積加算制度」と呼ぶ。

(2) 機構認定の教育施設（各省庁大学校）の課程修了者への学位授与（学士・修士・博士）

わが国の、大学以外の教育施設に置かれた課程（各省庁大学校）のうち、大学の学士課程、大学院の修士課程及び博士課程に相当する水準の教育を行っていると機構が認定した課程の修了者に、学位取得の途を開いている。

※課程の認定と教育の実施状況等の審査

機構の学位審査会では、各省庁大学校からの申し出を受けて、各課程の教育課程、修了要件、教員組織、施設設備等について、学校教育法、大学設置基準、大学院設置基準等の関係規程に照らして審査し、大学の学部、大学院の修士課程又は博士課程と同等の水準にあると認められるものを大学の学部、大学院の修士課程又は博士課程に相当する教育を行う課程として認定する。

認定を受けた課程に対しては、原則として5年ごとに、教育の実施状況等についての審査（レビュー）を行い、教育の水準が維持されていることを確認している。

［注］
(1) 「独立行政法人大学改革支援・学位授与機構」ホームページ。URL http://www.niad.ac.jp（令和元年12月15日）。

★調べてみよう
①財団法人「私立大学通信教育協会」（〒113－0033　東京都文京区本郷2－27－16、大学通信教育ビル3F。TEL. 03－3818－3870、URL http://www.uce.or.jp）の詳細を調べてみよう。
②「独立行政法人大学改革支援・学位授与機構」（〒187－8587東京都小平市学園西町1－29－1。TEL 042－307－1550、URL http://www.niad.ac.jp）の詳細を調べてみよう。

第5章

生涯教育・学習の方法(3)
―インターネット利用による学習―

> 生涯教育・学習の分野における学習情報提供は、早くから言われていました。そして、答申等で学習情報センターという建物を全国的に整備することも提案されました。しかし、それ以上に、インターネットという手段は、大きなエネルギーをもって、一般の人々に普及しました。生涯教育・学習機関・施設では、ホームページを作成することが普通になってきました。今後、生涯教育・学習の分野では、インターネットはテレビと同様、大きな役割を果たしていくことが予想できます。ここでは、インターネットについて知り、インターネット利用による学習について考察してみましょう。

Ⅰ．インターネットについて

1．インターネットとは

　アメリカの様々な研究機関により作られた個々のコンピューターネットワークを、お互いに連結する為に生まれた、いわばネットワークのネットワークである。インターネット開発の発端は、昭和44年に米国防総省の高等研究計画庁が、米ソの対立が激化する中、核戦争が起きても作動し続けるような通信手段を開発しようとしたことにあると言われる。近年わが国では、阪神・淡路大震災で、電話・TVではなくインターネットが威力を発揮し大きく着目された。

　インターネットにおいては、光ファイバー通信網や、世界中に網羅されたネットワークを中央で制御するような巨大な中央コンピューターによって運営されるのではない。インターネットは、各々のビル・事業所等内のLAN (Local Area Networkの略。構内情報通信網と訳される。一般的には、企業のビル、事業所、大学

キャンパス、研究機関内など、比較的狭い範囲でコンピューターを接続したネットワークのことを言う。実際には、数百台のパソコンをつなげたものまで指す場合もある）や、それらを結ぶ専用回線・電話回線で構成されている。そして、電子メールの行き先等は、各地・各所に分散したコンピューターが制御し、インターネットのプロトコル（送信側と受信側のデータ受け渡しに関する約束事〈通信規約〉の意）に合致した情報が流れるという仕組みになっている。現在は、個人向け接続サービスとして、ブロードバンド接続（広帯域幅の接続、高速・大容量のネット接続のこと）サービスが提供されている。また、携帯電話で、インターネットへの接続サービスが受けられるようになった。

当初、巨大なデータベースやスーパーコンピューターを、遠隔地から利用するという形態が想定されていたが、電子メールやホームページの使用が拡大して、多くの組織・人の情報発生手段ともなっている。

インターネットは、以下のような"新しい文化"を生み出していると思われる。

①質に関わらず、新しい、詳しい、量が多い、などの特色をもった情報を入手・共用したいとする社会を造り出している。
②土地と関わりのない新コミュニティ（「インターネット・コミュニティ」）を造り出している。
③様々な交渉（例．インターネット入試）を生み出している。

今後、インターネットが普及・発展すると、行政が行う学習情報提供、学習相談にも様々な影響が生じることが予想される。

２．行政が行う学習情報提供へのインターネット導入

インターネットは、行政が行う学習情報提供へ導入されてきている。学習情報の公開・共有、時間的・空間的制約の解消、教える者・教えられる者の壁の解消、双方向性、情報内容の具体性、個人学習支援、等の多くの利点をもっているインターネットは、多くの可能性をもった存在として認知されている。

3．インターネット開発者に影響を与えているイヴァン・イリッチの生涯教育・学習論

古瀬幸広・廣瀬克哉[1] は、アメリカのインターネット開発者に、イヴァン・イリッチの考え方が影響を与えている点を指摘している。イヴァン・イリッチの考え方の一部は、以下である。

> 「すぐれた教育制度は三つの目的をもつべきである。第一は、誰でも学習をしようと思えば、それが若いときであろうと年老いたときであろうと、人生のいついかなる時においてもそのために必要な手段や教材を利用できるようにしてやること、第二は、自分の知っていることを他の人と分かちあいたいと思うどんな人に対しても、その知識を彼から学びたいと思う他の人々を見つけ出せるようにしてやること、第三は公衆に問題提起しようと思うすべての人々に対して、そのための機会を与えてやることである。」[2]

ここには、いつでも、どこでも、だれでもの生涯教育・学習の考え方に相通じるものがある。

Ⅱ．インターネットの利点・可能性とリスク・危惧

インターネットには、利点・可能とその反面のリスク・危惧がある。それらを以下にまとめてみよう[3]。

1．インターネットの利点・可能性
［全体的にみて］
　①大型コンピューターがもつ一部の組織・人による専有という問題を解決する。
　②縦割りの弊害を是正する。
　③印刷による紙面上の学習情報を乗り越える。
　④放送（テレビ、ラジオ）に比べて、双方向性をもち、学習情報内容が具体的。
　⑤遠隔地の人々への大量の学習情報提供を助ける（マスメディア的利点）。

⑥きめ細かい現地情報を即時に送信・受信できる（ミニコミ的利点）。
⑦利用者次第で、学習情報の有機的結合が可能。
⑧個人、集団、コミュニティを様々な組み合わせで結ぶ。
⑨国境、政治、物理的壁を越えた、土地と関わりのない新コミュニティ（「インターネット・コミュニティ」）を造り出す可能性あり。
⑩メディア社会・文化の教育力という新たな教育力を生む可能性あり。
⑪ローカリズムとグローバリズムの結合が可能。
⑫個人学習の可能性を広げる。
⑬知っている人が知っていることを教え、結果を多くの人が共有するという、いわゆる「草の根式」の学習が可能。
⑭人々の知性、創造力を高める可能性あり。
⑮高齢者・障害者等への学習機会を広げる。

［送信側・提供者側］
①自分自身の「放送局」をもつことが可能。
②多くの新コミュニティに所属できる。
③受けた質問等により、思わぬ発明、発見、発掘もあり得る。

［受信側・利用者側］
①世界中の学習情報の即時の入手が可能。
②大学・研究機関等がもつ物的・人的資源へのアクセスが容易になる。
③多くの新コミュニティに所属できる。
④やり方によっては、知識・情報の背後にある人間味も感じられる。
⑤印刷教材による学習の限界を乗り越える。
⑥情報提供産業が一方向的に送り出す情報をひたすら受け身で消費する学習スタイルを乗り越える。
⑦知りたい人が知りたい情報だけを入手することが可能（個人通信的利点）。
⑧きめの細かい情報収集が可能。
⑨学習の仕方によっては、深みのある学習が可能。
⑩氾濫する情報を適切に処理する問題解決能力が身につく可能性あり。

⑪知性、創造力を高める可能性あり。

2．インターネットのリスク・危惧

［全体的にみて］
　①強制的コントロール介入の可能性あり。
　②セクショナリズムによる情報の専有化の可能性あり。
　③言語の統一化が進まないか疑問。
　④教育行政が関わった場合に、公的資金の使用、受益者負担の別を設けられるかが疑問。
　⑤質にかかわらず、新しく多量な情報が入手・共用できないと不安になる社会をつくる可能性あり。
　⑥利用者次第で、学習情報の没落もあり得る。
　⑦デマ情報、エセ知識が一人歩きする可能性あり。
　⑧不正侵入者による学習情報の盗み読みや置き換え・破壊等が生じる可能性あり。
　⑨学校が関わった場合、これまでの学校の常識的な形態、すなわち特定の空間・時間・入学資格・教育内容・有資格者による教育という形態が崩壊することも考えられる。
　⑩地域の教育力をますます低下させる可能性あり。
　⑪Read-Only-Member（ROM）等のフリーライダーにより新コミュニティの内部崩壊の可能性あり。
　⑫学習の意味がはっきりしなくなる。
　⑬自由性、多様性がありすぎ、教育的価値が希薄になる。
　⑭現実世界への不適応者を増加させる可能性あり。
　⑮アイデンティティ不安を起こす人が出る可能性あり。

［送信側・提供者側］
　①学習情報を目立たせるという技術的方法にのみ力をいれる人が出る。
　②知的所有権・著作権の侵害が増大する。

③名誉を傷つけられたり、プライバシーを侵害されたりする。
④昼働き、夜や土曜・日曜・休日は休むという生活リズムが崩される可能性あり。
⑤大学人・研究者の師弟関係を崩壊させる可能性あり。
⑥テクノストレスが生じる。

［受信側・利用者側］
①コミュニケーション上の敷居が低くなり、ルールが希薄になる。
②利用する人々と利用しない人々との受益格差が生じる。
③学習情報がもつ価値について、受信側が発言権をもちにくい。
④教師と実際に接しつつ進める学習から得られる大切なもの（敬意、礼儀、克己、啓発、等）を失う可能性あり。
⑤足を使う学習のよさ（苦労をする、無駄飯を食う、礼儀を身につける、ねばり強さを養う、体で覚える、等）を無くす可能性あり。
⑥学習情報を獲得することだけで満足してしまう学習者を生む可能性あり。
⑦個人の世界に閉じこもる学習者を生む可能性あり。
⑧情報のバケツリレーにより、なかなか情報を得られないこともある。
⑨リテラシー度の高い人と低い人との受益格差が生じる。
⑩人間の感性を高めるか疑問。
⑪テクノストレスが生じる。

Ⅲ．インターネット利用による学習

　インターネットは、今後の技術開発や使用の仕方のアイディアなどにより、大きな可能性を持ち続けられるであろう。
　近年では、各大学と、そこの学生との通信に大きな役割を果たしている。ただし、インターネット社会が進むと、大学のキャンパスが無くなるであろう、インターネットの学習で（高等教育機関等で学習しなくても）ノーベル賞を受賞する人が出るであろう、などと指摘する人もおり、今後、インターネットとこれ

までの社会や制度との関係も十分考えていく必要も出てくるであろう。
　道路にせよ、テレビにせよ、戦争の道具・手段として使用されたことがある。インターネットも、私たちの選択次第により、優れた道具にも、危険な道具にもなりうるのである。したがって、インターネット利用による学習を推進する際にも、多くの課題があると思われる。

　　　　［注］
(1)　古瀬幸広・廣瀬克哉（平成8年）『インターネットが変える世界』岩波書店・岩波新書432。
(2)　イヴァン・イリッチ、東洋・小澤周三訳（昭和52年）『脱学校の社会』東京創元社、pp.140～141。
(3)　拙著（平成10年3月）「生涯学習社会における大学開放に関する一考察」、『淑徳大学社会学部研究紀要』第二号、p.283、より作成。1部、加筆・修正した。

第6章

生涯教育・学習の方法⑷
―学習相談―

> 生涯学習の支援においては、学習相談がまだ弱いと考えられます。改善の余地があるかを考えてみましょう。

Ⅰ．学習相談のあり方

　学習情報提供システムの整備に関する調査研究協力者会議報告「生涯学習のための学習情報提供・相談体制の在り方」(昭和62年7月)では、以下のような学習相談の段階を指摘している。
　1．学習意欲の喚起
　2．学習要求の診断
　3．段階的、継続的な学習計画作成のための援助や学習活動の診断
　4．学習後の学習目標の到達度の評価
　5．新たな学習計画立案の援助
　6．学習を行う上での阻害要因の排除
　7．問題解決の助言
　8．学習成果の還元へ向けての準備(人材登録の奨励、等)
　ここから示唆されることは、学習相談は単に書面上に記された学習の場所、時間等を教えるのではなく、学習相談のスペシャリストとして応じる必要があるということである。学習相談員は、幅広い知識・教養をもち、ニューメディア等に精通し、相談に訪れる者の心理、背景をも読みとり、一連の学習過程を援助し、学習社会化を推進することが望まれる。

Ⅱ．進んでいる学習相談の例

　学習相談の方法は、一般的に行われている面談や電話による方法以外にも、今後多くの開発の余地があろう。

　横浜市教育委員会は、横浜市教育委員会（1999年）『学習相談 HAND BOOK（改訂版）』を作成し、学習相談員がシステマティックに学習相談を展開できるようにし、学習相談の実践から得られるノウハウを蓄積できるようにした。例えば、図５のような学習相談の手順のフローチャートは、その為に有効と思われる。

　兵庫県「ひょうごインターキャンパス」では、ｅメールで答える学習相談も行っている。また、岡山県生涯学習センターは、TV会議システムを活用した学習相談も行っている。

　なお、学習相談員という立場からの学習相談でなくても、第Ⅱ部―３章で前述のこれからの図書館の在り方検討協力者会議「これからの図書館像―地域を支える情報拠点をめざして―」（平成18年３月）の「これからの図書館サービスに求められる新たな視点」の⑴図書館活動の意義の理解促進中の「ワンステップサービス」、⑵のレファレンスサービス、⑶の課題解決支援、なども、広い意味での学習相談になり、役割としても大きいと思われる。

　学習相談の充実は、生涯教育・学習の充実にも繋がる重要なことであるので、一層の開発の取り組みが望まれる。

　今後は、全国的に質の高い学習相談員が確保され、活動できるような制度を作っていくこともよいのではないだろうか。その為に、資格を持った専門の学習相談員の本格的養成も考えられてよいと思われる。

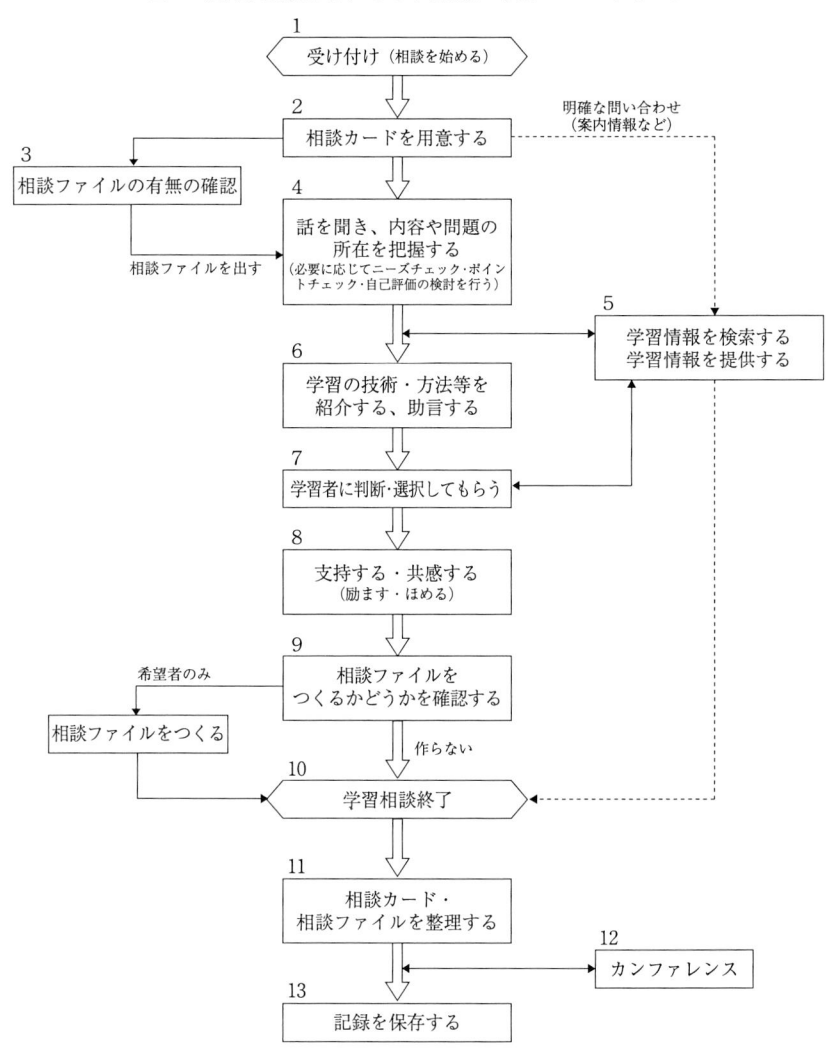

第 6 章　生涯教育・学習の方法(4)　161

図 5　横浜市教育委員会による学習相談の手順のフローチャート

1. 受け付け（相談を始める）
2. 相談カードを用意する　← 明確な問い合わせ（案内情報など）
3. 相談ファイルの有無の確認 → 相談ファイルを出す
4. 話を聞き、内容や問題の所在を把握する（必要に応じてニーズチェック・ポイントチェック・自己評価の検討を行う）
5. 学習情報を検索する　学習情報を提供する
6. 学習の技術・方法等を紹介する、助言する
7. 学習者に判断・選択してもらう
8. 支持する・共感する（励ます・ほめる）
9. 相談ファイルをつくるかどうかを確認する　── 希望者のみ → 相談ファイルをつくる　／　作らない
10. 学習相談終了
11. 相談カード・相談ファイルを整理する
12. カンファレンス
13. 記録を保存する

〔典拠〕横浜市教育委員会（1999 年）『学習相談 HAND BOOK（改訂版）』
〔備考〕「相談カード」とは、相談員が、相談内容、回答内容、学習者プロフィール、相談員自身が「知識について不足に思ったこと」「技能について不足に思ったこと」、などを記入するカードのこと。ニーズチェックは、学習者が興味をもっている学習内容を調べる「ニーズチェック表」「ニーズチェック得点プロフィール」により行われる。ポイントチェックは、学習者が、学習をうまく進められない場合に、どこに問題があるかを調べ、問題解決の方法や情報を提供する為の「ポイントチェック表」により行われる。

Ⅲ．学習相談に応じる諸外国の例[1]

1．フランスにおけるアニマトゥール

　アニマトゥールは、フランスの1970年9月通達で「社会・教育、スポーツ、文化の活性化を担当する専門職員」として正式に規定された資格をもった人である。教育・文化活動の会合やグループで、活動を活発化させ、参加者の自発性・意欲を呼び起こし、方向づける役割を果たす。

　職務として、①企画・財務を含めた組織管理的な職務、②グループの自主的発展促進やグループ間の連携を含む関係づけの職務、③参加者が自主的に研修を受けるように促したり、諸種の資料等についての相談にのったりする教育者としての職務、④職務についての自己反省、専門家との連携を含む研究・評価の職務、⑤自己向上の努力を含む文化創造者としての職務、がある。

　養成の状況に関して、1972年度より「指導者養成統合センター」が設立された。また、教育省の1975年1月通達で、職務・採用・養成訓練等について定められた。さらに、1979年6月付政令で「アニマシオン職についての国家免状の創設」が発布された。

2．アメリカにおける教育ブローカー

　教育ブローカーは、1970年代のアメリカにおいて、成人期の生涯学習を支援するシステムとして登場した。

　教育ブローカーは、学習者に、学習情報提供と学習カウンセリングを行い、学習者が、学習目的を達成する為の学習資源を探したり、効果的な学習計画を立てたり、適切な学習機会を見つけたりできるように手助けや仲介をする。公的・私的な教育ブローカーがある。

　教育ブローカーにより、資格取得ができ、将来が開けた人は多い。

［注］
(1) 日本生涯教育学会編（平成2年）『生涯学習事典』東京書籍、等を引用・参考。

第7章

社会教育機関・施設等とそこで生涯学習を支える人々(1)
―都道府県及び市区町村教育委員会における社会教育主事―

> 社会教育機関・施設等とそこで生涯学習を支える人々の1例として、ここでは、都道府県及び市区町村教育委員会における社会教育主事を知ってみましょう。

Ⅰ．社会教育主事について

都道府県及び市区町村教育委員会における社会教育主事について、以下の項目ごとに概観してみる。

1．社会教育主事

社会教育主事の法的位置づけと職務は、以下である。

(1) 「専門的教育職員」(『教育公務員特例法』第2条第5項)
(2) 「都道府県及び市町村の教育委員会の事務局に、社会教育主事を置く。」(『社会教育法』第9条の2)
(3) 「社会教育主事は、社会教育を行う者に専門的技術的な助言と指導を与える。但し、命令及び監督をしてはならない。」(『社会教育法』第9条の3第1項)
(4) 「社会教育主事は、学校が社会教育関係団体、地域住民その他の関係者の協力を得て教育活動を行う場合には、その求めに応じて、必要な助言を行うことができる。」(『社会教育法』第9条の3第2項)
※　(2)の『社会教育法』第9条の2の市は、特別区を含む。

2．社会教育主事の配置状況

(1) 現在、一教育委員会あたり、専任の社会教育主事1.1人配置（文部科学省（平成18年）『平成17年度　社会教育調査報告書』国立印刷局、p.2、より算出）。

(2) 都道府県教育委員会事務局の専任の社会教育主事14.1人、市区教育委員会事務局の専任の社会教育主事1.4人、町教育委員会事務局の専任の社会教育主事0.7人、村教育委員会事務局の専任の社会教育主事0.4人配置（同上）。

※なお、社会教育主事は教育委員会事務局以外（例．生涯学習センター等、青少年交流の家・青少年自然の家、等）にもいる。

3．社会教育主事資格

(1) 社会教育主事となる資格を有する該当者（『社会教育法』第9条の4より）

 1．大学に2年以上在学して62単位以上を修得し、又は高等専門学校を卒業し、かつ、次に掲げる期間を通算した期間が3年以上になる者で、『社会教育法』第9条の5の規定による社会教育主事の講習を修了したもの。
　イ　社会教育主事補の職にあつた期間。
　ロ　官公署又は社会教育関係団体における社会教育に関係のある職で文部科学大臣の指定するものにあつた期間。
　ハ　官公署又は社会教育関係団体が実施する社会教育に関係のある事業における業務であつて、社会教育主事として必要な知識又は技能の習得に資するものとして文部科学大臣が指定するものに従事した期間（イ又はロに掲げる期間に該当する期間を除く）。

 2．教育職員の普通免許状を有し、かつ、5年以上文部科学大臣の指定する教育に関する職にあつた者で、『社会教育法』第9条の5の規定による社会教育主事の講習を修了したもの。

 3．大学に2年以上在学して、62単位以上を修得し、かつ、大学において『文部科学省令』で定める社会教育に関する科目の単位を修得した者で、第1号イからハまでに掲げる期間を通算した期間が1年以上になるもの。

 4．『社会教育法』第9条の5の規定による社会教育主事の講習を修了した

者（第1号及び第2号に掲げる者を除く）で、社会教育に関する専門的事項について前3号に掲げる者に相当する教養と経験があると都道府県の教育委員会が認定したもの。

※『社会教育法』第9条の5の規定による社会教育主事の講習とは、文部科学大臣の委嘱を受けた大学その他の教育機関が行うものである。

(2) 取得方法

取得方法は、①大学の社会教育主事課程によるもの、②社会教育主事の講習によるもの、③通信教育によるもの、がある。

大学の社会教育主事課程では、大学に2年以上在学して62単位以上を修得し、所要修得単位＝24単位を修得すれば、社会教育主事資格を有することができることになっている。社会教育に関する科目を開設している大学は、平成27年4月現在、177校である。

表3　社会教育主事に求められる資質・能力

資質・能力	内容
1．学習課題の把握と企画立案の能力	○学習環境に関する調査を企画し、データを分析・診断し、必要な施策を立案し実施することができる能力（地域と人をつかみ、施策や実際の活動に生かす能力）。
2．コミュニケーションの能力	○新しいメディアの活用を含め、情報の収集・整理・提供や広報・広聴に関する知識・技術を身につけている。 ○学習相談を担当する者は、相手の話をよく聞き取り、表面的なとらえ方に終わらず、潜在的な欲求までとらえ、適切な対応ができる能力（コミュニケーションの能力）をもつ
3．組織化援助の能力	○グループワーク等人間関係や集団に関する知識と技術を習得。
4．調整者としての能力	○社会教育に関連する分野と協働していけるだけの視野の広さと調整能力。 ○家庭、学校、社会のそれぞれの特性を生かしながら、それらの連携を推進していく役割を果たす。
5．幅広い視野と探求心	○人々の学習要求や社会が要請する課題を把握し、それらにどのように対処したらよいのかを的確に判断する。 ○幅広い視野と一般的な知識を豊かに持って、様々な内容領域の基本的な構造を読み取る方法論を身に付ける。

〔典拠〕社会教育審議会成人教育分科会「社会教育主事の養成について（報告）」（昭和61年10月）、より作成。

4．社会教育主事に求められる資質・能力

社会教育主事の業務の内容は、勤務する機関・施設により異なる傾向があるが、求められる資質・能力は、表３のように示されている。

5．社会教育主事の研修

社会教育主事の研修としては、以下等のものがある。
　①国立教育政策研究所社会教育実践研究センターの研修
　②国内外の大学、社会教育施設等への研修・研究派遣
　③都道府県の「社会教育主事等研修」

Ⅱ．社会教育主事の業務について

社会教育主事の法律上の職務は、「社会教育を行う者に専門的技術的な助言と指導を与える」（上述）である。ここからだけでは、具体的な業務内容がわかりづらい感がある。また、前掲「社会教育主事の養成について（報告）」では、多くの資質・能力が求められている。また、業務の内容が、勤務する機関・施設により異なることが多い。教科書・種本もない。

こうしたところから、業務が大変であると感じる社会教育主事もいるようである。また、県によっては、学校教員が社会教育主事として社会教育現場に異動し、比較的短期（３年位）で学校教育現場に戻ることもあるので、業務に慣れるのに大変である、社会教育施設等にノウハウが蓄積されていかない、等の声も聞かれる。

しかし、社会教育主事は、社会教育関係団体を育てたり、人脈づくりとその活用ができたり、地域の生涯教育・学習を盛んにしたり、「生涯学習推進計画」の策定等に関わった時には多くの企画・立案に参画するなどの充実した仕事を展開できる。

また、今後も、社会教育主事が活躍できる分野が開拓できると考えられる。

第8章

社会教育機関・施設等とそこで生涯学習を支える人々(2)
―公民館と館長―

> 社会教育施設には、古くに作られたものがあります。新しい時代に対応するべく努力もしています。そうした施設のひとつとして公民館があります。それを知って、今後どのようになったらよいのか考えましょう。

I. 公民館と館長について

公民館と館長について、以下の項目ごとに概観してみる。

1. 公民館と館長

公民館の法的位置づけと事業、館長の法的位置づけと職務、等は、以下である。

(1)「公民館は、市町村その他一定区域内の住民のために、実際生活に即する教育、学術及び文化に関する各種の事業を行い、もつて住民の教養の向上、健康の増進、情操の純化を図り、生活文化の振興、社会福祉の増進に寄与することを目的とする。」(『社会教育法』第20条)

(2)「公民館は、市町村が設置する。」(『社会教育法』第21条)

(3)「公民館は、第二十条の目的達成のために、おおむね、左の事業を行う。但し、この法律及び他の法令によって禁じられたものは、この限りでない。
　一　定期講座を開設すること。
　二　討論会、講習会、講演会、実習会、展示会等を開催すること。

三　図書、記録、模型、資料等を備え、その利用を図ること。
　　四　体育、レクリエーション等に関する集会を開催すること。
　　五　各種の団体、機関等の連絡を図ること。
　　六　その施設を住民の集会その他の公共的利用に供すること。」
　（『社会教育法』第22条）
(4)　「公民館に館長を置き、主事その他必要な職員を置くことができる。」
　（『社会教育法』第27条第1項）
(5)　「館長は、公民館の行う各種の事業の企画実施その他必要な事務を行い、所属職員を監督する。」（『社会教育法』第27条第2項）
(6)　「主事は、館長の命を受け、公民館の事業の実施にあたる。」
　（『社会教育法』第27条第3項）
　　※この「主事」は、「社会教育主事」とは違う。
　　※公民館の主事に、専門的職員としての法的位置づけはなされていない。

2．公民館の歴史

　公民館に関する歴史は、以下である。
(1)　戦前　読売新聞社主正力松太郎が「後藤新平伯記念館」（於　現在の岩手県奥州市）設立。これは、公民館と呼ばれていた。
(2)　S21　第一次アメリカ教育使節団の報告書に公民館は出てこない。
(3)　S22　『日本教育制度改革に関する極東委員会指令』に公民館は出てこない。
(4)　寺中（寺中作雄　文部省社会教育課長）構想
　寺中構想によると、公民館は、以下のような構想のものであった。「公民館は多方面の機能を持った文化施設である。それは社会教育の機関であり、社交娯楽機関であり、自治振興機関であり、産業振興機関であり、青年養成機関であり、その他その町村において必要と思えば尚色々の機能を持たしめて運営する事ができるが、要するにそれらの機能の総合された町村振興の中心機関である」[1]。

(5)　S21　文部次官通牒

昭和21年の文部次官通牒によると、公民館は、以下のような性格のものとされた。
- 祖国再建の悲願に燃え、その地域社会における実践活動の中枢機関たるべしとした。
- 「民主的交際機関」「文化教養機関」「郷土振興機関」の機能をもつ。
- 「今後の国民教育は青少年を対象とするのみでなく、大人も子供も、男も女も、産業人も教育者もみんながお互いに睦み合い導き合ってお互の教養を高めてゆく様な方法が取られなければならない」。
- 「此処に常時に町村民が打ち集って談論し読書し、生活上産業上の指導を受けお互いの交友を深める」。
- 「郷土に於ける公民学校、図書館、博物館、公会堂、町村集会所、産業指導所などの機能を兼ねた文化教養の機関」。
- 「青年団婦人会などの町村に於ける文化団体の本部ともなり、各団体が相提携して町村振興の底力を生み出す場所」。

3．公民館の大きな特色

公民館の大きな特色として、①わが国独自の社会教育施設であること、②全国的ネットワークを備えていること、③生涯教育・学習推進の重要な場になりうること、が指摘できる。

4．公民館の館長及び主事の配置状況

公民館の館長及び主事の配置状況は、以下である。
(1)　現在、1公民館あたり、専任の館長・分館長0.1人、専任の主事0.3人配置（文部科学省（平成18年）『平成17年度　社会教育調査報告書』国立印刷局、p.50・p.52・p.54より算出）。
(2)　市区立公民館の専任の館長・分館長0.2人、専任の主事0.4人、町立公民館の専任の館長・分館長0.1人、専任の主事0.2人、村立公民館の専任の館長・

分館長0.02人、専任の主事0.06人、等配置（同上）。

5．公民館の館長及び主事に求められるもの

　文部科学省告示「公民館の設置及び運営に関する基準」（平成15年6月）の第8条、によると、「公民館の館長及び主事には、社会教育に関する識見と経験を有し、かつ公民館の事業に関する専門的な知識及び技術を有する者をもって充てるよう努めるものとする。」とある。

6．公民館の主事等の養成・研修

　公民館の主事等の養成・研修の機会としては、以下等のものがある。
　①国、都道府県、市町村の現職研修
　②全国公民館連合会、ブロック・県・地区の連絡協議会の研究集会・研修会
　③国立教育政策研究所社会教育実践研究センターの研修

Ⅱ．公民館への期待

1．全国公民館連合会第五次専門委員会「生涯教育時代に即応した公民館のあり方（中間報告）」（昭和58年5月）

　以下のように、公民館事業構造化の提唱がなされている。
《準備段階》
　第一構造の事業（知らせる、啓発する、問題を提起するためのもの）
　　（例）　広報事業、展示（公民館が行う課題の開示）、調査（広聴）活動など
《基礎形成段階》
　第二構造の事業（学習機会の提供）
　　（例）　学級講座・講演会・行事、相談事業・資料提供、ロビーワーク（情報提供や個人・家族等の利用を通じ歩調開進を可能にする）など
《積極的学習推進段階》
　第三構造の事業（自ら学ぶことへの援助）

（例）　自主グループ・団体育成の助言、施設設備・機器の提供、経済的援助・資料提供、リーダー研修、個人学習援助のための諸事業など（地域社会への参加に必要な異質集団＝男女差・親子間・職種のちがいを含む集団＝体験の奨励）

《教育的社会還元活動段階》

　第四構造の事業（表現、連帯活動への援助）

　　（例）　団体・協議会等への援助、ヴォランティア講座・能力（人材）銀行開設援助、地域（形成）活動の援助・助言など、教育産業のなし得ない公民館の事業

2．生涯学習審議会社会教育分科審議会施設部会「公民館の整備・運営の在り方について」（平成3年6月）

生涯学習時代における公民館活動の在り方として、以下の項目が示されている。

(1)　公民館活動の多様化・活発化
　　①多様な学習機会の提供
　　②自発的な学習活動の援助
　　③学習成果活用の場の配慮
(2)　学習情報提供・相談機能の充実
　　①学習情報の提供
　　②相談機能の充実
(3)　地域活動の拠点としての役割
(4)　生涯学習関連施設等との連携

3．生涯学習審議会答申「新しい情報通信技術を活用した生涯学習の推進方策について―情報化で広がる生涯学習の展望―」（平成12年11月）

生涯学習センターと共に公民館は、学習機会やその情報を提供し、地域の住民の学習の場や学習に関する相談窓口としての機能を果たすとともに、情報機

器を使った学習方法や情報収集・活用方法に関し問い合わせることができる窓口としての役割を果たしていくことが必要との観点が出されている。そして、生涯学習センターと共に公民館が、地域のコミュニケーションの拠点となり、まちづくりや地域の活性化に寄与することが期待されている。

4．文部科学省告示「公民館の設置及び運営に関する基準」（平成15年6月）

　①地方分権の推進に伴う定量的、画一的な基準の大綱化、弾力化、②多様化、高度化する学習ニーズや国際化、情報化等の進展に伴う現代的課題への対応などを踏まえ、従来の「公民館の設置及び運営に関する基準」の全部を改正したものである。公民館に求められている内容は、(1)地域の学習拠点としての機能の発揮、(2)地域の家庭教育支援拠点としての機能の発揮、(3)奉仕活動・体験活動の推進、(4)学校、家庭及び地域社会との連携等、(5)地域の実情を踏まえた運営、等である。

5．中央教育審議会生涯学習分科会「今後の生涯学習の振興方策について（審議経過の報告）」（平成16年3月）

　「関係機関・団体等の重点的に取り組むべき分野に関する意見」として、公民館には、職業能力の向上、家庭教育への支援、地域の教育力の向上、健康対策等高齢者への対応、地域課題の解決、に期待が寄せられている。

　　　　　［注］
(1)　寺中作雄（昭和21年）『公民館の建設―新しい町村の文化施設―』公民館協会。

★調べてみよう
　　①社団法人「全国公民館連合会」（〒105-0001　東京都港区虎ノ門1丁目16番2号。TEL.03-3501-9666〈代表〉、FAX03-3501-3481、URL http://kominkan.or.jp）の行事等を調べてみよう。

第9章

社会教育機関・施設等とそこで生涯学習を支える人々(3)
―国立青少年交流の家・国立青少年自然の家―

> 社会教育施設には、古くに作られたものがあり、長い年月の中で紆余曲折があったものもありました。例えば、国立青年の家・国立少年自然の家です。現在、これらは「独立行政法人国立青少年教育振興機構」がもつ国立青少年交流の家・国立青少年自然の家となり、時代に合った新しい展開をしています。

Ⅰ．「独立行政法人国立青少年教育振興機構」について

「独立行政法人国立青少年教育振興機構」（所在地　〒151-0052東京都渋谷区代々木神園町3番1号。TEL.03-3467-7201）について、以下の項目ごとに概観してみる（Ⅰは、「独立行政法人国立青少年教育振興機構」ホームページを引用・参考）。

1．目的

「独立行政法人国立青少年教育振興機構」は、わが国の青少年教育のナショナルセンターとして、青少年を巡る様々な課題へ対応するため、青少年に対し教育的な観点から、より総合的・体系的な一貫性のある体験活動等の機会を提供するとともに、研修支援、青少年教育に関する調査研究、青少年団体・施設等の連絡・協力、青少年団体への助成を行い、もってわが国の青少年教育の振興及び青少年の健全育成を図ることを目指している。

2．歴史

⑴　「独立行政法人国立オリンピック記念青少年総合センター」

　昭和40年4月、東京オリンピック（昭和39年）の選手村の跡地の一部を利用して、文部省所管の「特殊法人オリンピック記念青少年総合センター」が発足した。これは、昭和55年5月、文部省所管の「国立オリンピック記念青少年総合センター」となった。これが、平成13年4月、文部科学省所管の「独立行政法人国立オリンピック記念青少年総合センター」となった。

⑵　「独立行政法人国立青年の家」

　昭和34年4月、皇太子殿下（今上天皇）の御成婚を記念して「国立中央青年の家」を設置した。以降、昭和51年までに全国13か所に国立青年の家を設置した。国立青年の家は、平成13年4月、文部科学省所管の「独立行政法人国立青年の家」となった。

⑶　「独立行政法人国立少年自然の家」

　昭和50年10月、「学制百年記念事業」の一環として、「国立室戸少年自然の家」を設置した。以降、平成3年までに全国14か所に国立少年自然の家を設置した。国立少年自然の家は、平成13年4月、文部科学省所管の「独立行政法人国立少年自然の家」となった。

⑷　「独立行政法人国立青少年教育振興機構」

　平成18年4月、上記⑴〜⑶が統合され「独立行政法人国立青少年教育振興機構」が発足した。国立青年の家は、国立青少年交流の家に、国立少年自然の家は、国立青少年自然の家に名称を変えた。

3．施設

　「国立オリンピック記念青少年総合センター」はじめ、国立青少年交流の家として、「国立大雪青少年交流の家」「国立岩手山青少年交流の家」「国立磐梯青少年交流の家」「国立赤城青少年交流の家」「国立能登青少年交流の家」「国立乗鞍青少年交流の家」「国立中央青少年交流の家」「国立淡路青少年交流の家」「国立三瓶青少年交流の家」「国立江田島青少年交流の家」「国立大洲青少年交

流の家」「国立阿蘇青少年交流の家」「国立沖縄青少年交流の家」、がある。国立青少年自然の家として、「国立日高青少年自然の家」「国立花山青少年自然の家」「国立那須甲子青少年自然の家」「国立信州高遠青少年自然の家」「国立妙高青少年自然の家」「国立立山青少年自然の家」「国立若狭湾青少年自然の家」「国立曽爾青少年自然の家」「国立吉備青少年自然の家」「国立山口徳地青少年自然の家」「国立室戸青少年自然の家」「国立夜須高原青少年自然の家」「国立諫早青少年自然の家」「国立大隅青少年自然の家」、がある。

４．企画事業

教育拠点において、教育プログラムを企画・実施し、その成果を公立施設等へ普及する事業として、企画事業を行っている。

(1) 先導的・モデル的な体験活動事業

①重点テーマ事業

青少年を対象とした体験活動事業について、特に重要な青少年教育課題３つに対応する事業を機構全体で「重点テーマ事業」として実施し、モデル事業開発を行っている。

１．勤労観・職業観を育成する事業

青少年が就業し、社会の一員として自立した生活ができるように青少年の勤労観・職業観を考えるきっかけとなる事業を実施する。

２．次代を担うリーダーを育成する事業

様々な体験活動を通して、社会参画や課題解決能力など、次代を担うリーダーに必要な資質・能力の向上をねらいとした事業を行っている。

３．特定の状況にある青少年への支援を行う事業

不登校やひきこもりがちであったり、障害を持っているなど様々な事情で特別な支援を必要としている青少年が社会的に自立できるようなきっかけをつかむ場を提供する。

②地域中核拠点としての事業

地域の中核拠点として、国の施策に対応しつつ、立地条件、地域特性やニ

ーズに対応した先導的な青少年の体験活動事業を実施している。
(2) 青少年教育指導者等の研修事業
①全国規模で体系的に実施する青少年教育指導者等の研修事業
　青少年教育指導者に求められる共通の知識・技術である『企画力』『指導力』『運営力』について体系的に向上を図る研修を全国規模で実施している。
　「基本研修」：新任等の青少年教育指導者を対象に事業企画や指導・運営に必要な基本的知識・技術を習得する。
　「専門研修」：青少年教育指導者としての経験を有する者を対象に専門的な知識・技術の一層の向上を図る。
②地方教育拠点の特性を活かした青少年教育指導者等の研修事業
　地域の課題・ニーズや立地条件、関係機関等との連携など、地方教育拠点の特性を活かし、実践的指導力の向上をねらいとした研修を実施している。
(3) 国際交流事業
　国内外の関係機関・団体と連携して、青少年教育関係者等による研究会や、青少年の異文化理解及び青少年教育指導者等の体験を重視した国際交流事業を行っている。
(4) 広範な規模で展開する教育事業
　青少年を取り巻く課題などについての理解促進や機構の事業成果をより一層普及し、波及効果を高めるため、他省庁等関係機関、青少年教育関係機関・団体等と連携して全国規模・都道府県域を越えた広範な事業を実施する。また、各教育拠点は、国公立の教育施設と連携し、広域的な事業を展開する。
(5) その他、新たな国の政策課題に対応する事業
　国の新たな政策課題が発生した場合には当該課題に対応した事業を実施する。

Ⅱ．国立青年の家、国立少年自然の家からの流れについて

　国立青年の家は、設立当初、勤労青年が、学校から離れても教育的状況を持った場所に安価で行ける施設として人気があった。進学率が高まるにつれ、そ

うした機能は薄れ、施設側も、学校単位で集団で利用してもらい利用者を確保してきた。時代により、ニーズも変わった。総務庁から勧告されることもあった（総務庁行政監察局『社会教育施設に関する調査結果報告書　附属機関等総合実態調査・文教研修施設（Ⅲ）』平成6年10月）。また、国立青年の家、国立少年自然の家は、地方への移管が検討されることがあった。つまり、設立当初から平坦な道を歩んできたわけではなかった。

しかし、こうした教育・学習的要素をもった安価な宿泊施設は、海外からみても優れた施設であるとの声もある。

今後、青少年教育に対するニーズは、時代と共に変化していく可能性もあるが、青少年教育の本質をはずさずに、発展・展開していくことが望まれる。

Ⅲ．国立青少年交流の家、国立青少年自然の家への期待

時代、社会の動きと共に、変わらなければならないものと変わってはならないものがあるだろう。

いつの時代でも、国立青年の家、国立少年自然の家から出発した施設は、教育的指導体制・職員（事業課長、等）の指導力の確立が必要であろう。また、職員の研修、人材の発掘も重要な活動と思われる。

豊かな自然という利点を生かして、単に自然の中で活動をするという意味での自然体験だけではなく、自然の雄大さを感じたり、悠久の昔からの自然に思いをはせたり、自然の造形美に感動したり、空気をおいしく感じ取ったりするなどの自然そのものの体験である"真の自然体験"ができる場であり続ける必要があろう。

現代青少年のライフスタイルへの対応、生涯教育・学習推進、などは積極的に進め、変わらなければならないと思われる。また、学校教育との連携（例．教職員の研修。不登校児童・生徒、いじめ、問題行動、等への対処）、現代的課題への取り組み、ボランティアの養成、等工夫した事業を展開していくことが望まれる。

また、どの年齢層も受け入れることのできる器の大きさも備えていくことに

より、世代間交流や、地域・社会の活性化等が、自然とできてくるようになれば理想的である。

[引用・参考の文献・URL]
(1) 「独立行政法人国立青少年教育振興機構」ホームページ。URL http://www.niye.go.jp（平成20年12月28日）。

★行ってみよう
① 「国立オリンピック記念青少年総合センター」（〒151－0052　東京都渋谷区代々木神園町3番1号。TEL.03－3469－2525、http://nyc.niye.go.jp）へ行ってみよう。

第10章

社会教育機関・施設等と そこで生涯学習を支える人々(4)
―ボランティア等―

> 生涯学習を支える人々は、公的機関・施設の職員だけとは限りません。また、社会教育主事、司書、学芸員、等の国家資格を持っている人だけとは限りません。
> 生涯学習を、民間生涯学習指導者として支えたり、ボランティアとして支えたりする人々も多数います。その諸相を捉えてみましょう。

Ⅰ．生涯学習指導者について

1．資格上からの生涯学習指導者の整理

(1) 既存の資格に則った指導者

　既存の資格として、国家資格、準国家資格、民間資格、がある。例として以下のものがある。なお、〔　〕内は、国家資格、準国家資格、民間資格の別、（　）内は、認定主体、である。

①生涯学習に比較的関わる資格

　社会教育主事〔国〕（文部科学省）、司書〔国〕（文部科学省）、学芸員〔国〕（文部科学省）、教諭〔国〕（文部科学省）、社会教育指導員〔国〕（文部科学省）、生涯学習インストラクター〔民〕、ヘルスケア・トレーナー〔国〕（厚生労働省）、スポーツプログラマー〔民〕、消費生活アドバイザー〔国〕（経済産業省）、余暇生活相談員〔民〕、余暇生活開発士〔民〕、社会福祉士〔国〕（厚生労働省）、カウンセラー〔民〕。

②教養に関する学習の資格

　通訳案内業〔国〕、ヤマハ音楽能力検定〔民〕。

③趣味・けいこ事関係

　毛筆書写検定試験〈旧書道検定〉〔民〕、調理師〔国〕、茶道〔民〕、「樹医」制度〔民〕。

④スポーツ・体育・レクリエーション関係

　サッカー公認審判員〔民〕、柔道〔民〕、水泳指導員〔民〕、社会体育指導者〈公認スポーツ指導者制度〉〔民〕、オリエンテーリング公認指導員〔民〕、キャンプ指導者資格検定〔民〕。

⑤家庭生活・市民生活関係

　保育士〔国〕(厚生労働省)、救急救命士〔国〕、司法書士〔国〕

(2) 「資格に結び付く事業」による指導者

　都道府県・市区町村等の中には、認定基準等を設けて、指導者養成等を実施し、修了者に認定証・修了証を授与しているようないわば「資格に結び付く事業」を展開している所がある。この「資格に結び付く事業」による指導者もいる。

　「資格に結び付く事業」は、様々なアイディアのもとに多数できてきている。例として、秋田県「生涯学習奨励員」、前橋市「生涯学習奨励員制度」、富山県「プレーリーダー（遊びの達人）」、練馬区「練馬区スポーツリーダー」、宗像市「有志指導者」などがある。

2．民間生涯学習指導者とその活用の仕方

　ここでの民間とは、民間資格に基づくの意味ではなく、行政マンではないという意味である。行政委嘱された民間人は含まれる。

　民間生涯学習指導者の種類と役割には、表4のようなものがある。

表4 民間生涯学習指導者の種類と役割

種類と役割	指導者の例
1．学習の内容に関する指導者 　学習者の知識・技術の習得や態度の変容など、人々の学習に教育的作用を及ぼす者。研究者や文化人などの専門分野の指導者の他、社会人や高齢者の人材活用のように、社会経験を生かした指導者も含まれる。	○講座、講演会等の講師、助言者、チューター ○学習集団の専門的指導者
2．学習集団等の運営上のリーダー 　学習集団や行動の企画・運営にあたる役員。リーダーシップや組織力が求められるところから、リーダーまたはオルガナイザーとも称される。	○学習集団の運営上のリーダー ○行事、イベントのオルガナイザー
3．生涯学習のコーディネーター 　学習相談に応じたり、学習意欲の触発、学習者と学習資源の媒介、関係機関相互の連携・協力の促進など、生涯学習を援助・促進する立場からコーディネートする者（行政による委嘱のケースも見られる。）	○生涯学習奨励員 ○スポーツプログラマー ○消費生活アドバイザー ○余暇生活相談員・余暇生活開発士

〔典拠〕　岡本包治編（平成4年）『これからの指導者・ボランティア』ぎょうせい、p.43。
〔備考〕　一部、加筆・削除した。

3．生涯学習指導者の養成・活用の重要性

　日本においては、フランスのアニマトゥール（第Ⅱ部—6章参照）や、アメリカの教育ブローカー（第Ⅱ部—6章参照）のようなものは、本格的に根付いているわけではない。また、それらをそのまま真似しようとしても、日本の歴史的・社会的事情などとの関係でうまくいくとは限らない。

　既存の公的資格に則った生涯学習指導者だけではなく、人々の中にいて、生涯教育・学習を盛んにすることに寄与するような民間生涯学習指導者が多数存在することは重要と思われる。アイディア次第で、そうした民間生涯学習指導者の養成・活用もできていくと思われる。

Ⅱ．現在わが国のボランティアに対する理解

1．ボランティアについて

　社会教育審議会社会教育施設分科会「社会教育施設におけるボランティア活

動の促進について（報告）」（昭和61年12月）は、近年のボランティアへの期待に関して、次のように述べている。

　まず、ボランティアの捉え方として、「ボランティア活動を通して自己の成長を図る」、「社会教育施設がボランティアの志を生かしていくことの意義は大きい」、ボランティア活動を「ごく日常的で楽しい活動としてとらえることが大切」としている。

　次に、ボランティア活動の活性化のための提言を積極的に述べている。以下にまとめてみよう。

(1) 受け入れ体制
　・受け入れの阻害要因
　　①社会教育施設の運営は施設職員が自力で行うべきと考えている。
　　②ボランティアの準備や世話に忙殺され勤務過重になると思っている。
　　③どのような活動をさせてよいかわからない。
　　④希望者がどの程度いるか把握していない。
　・留意点
　　①施設職員がボランティア活動に対する認識を改める。
　　②社会教育施設がボランティアを受け入れる諸条件を整備する。
　　③ボランティアに関するデータ・バンクを設置し、ボランティア情報のネットワークの整備を図る。

(2) 費用負担
　・善意の提供に対して活動のための実費を施設等が負担することも、自然な行為。

(3) 事故防止
　・ボランティアの人々に安全教育の機会を提供。
　・ボランティアに関する保険制度の活用が有効。保険加入は、精神的なゆとりをもたらす。人々は安心して活動に専念できる。

2．ボランティアの活動の活性化の為に

　現在、社会教育施設などにおけるボランティアの登録は多い。ボランティアの活動を活性化する為に、以下のことが必要と思われる。

①ボランティアの養成・研修の充実。
②結果像としての人材の活用から過程像としての人材の育成への移行。
③需要と供給の調整をする調整機関の設置。
④経済的基盤の確立。
⑤活動の場の開発。
⑥ボランティアへの学習情報提供・学習相談。
⑦ボランティア・バンク自体の評価。

★読んでみよう
　①高橋茂雄「生涯学習奨励員制度のねらいと実態―群馬県前橋市―」、岡本包治編（平成4年）『これからの指導者・ボランティア』ぎょうせい。
　②ジュヌヴィエーヴ・プジョル、ジャン＝マリー・ミニヨン、岩橋恵子監訳（平成19年）『アニマトゥール　フランスの社会教育・生涯学習の担い手たち』明石書店。

第11章

生涯教育・学習によるまちづくり
―生涯学習都市宣言第1号の掛川市―

> 生涯教育・学習によるまちづくりは、簡単ではありません。しかし、生涯教育・学習によるまちづくりを努力し続けた自治体は、それなりの成果をあげています。ここでは、生涯教育・学習によるまちづくりに成果をあげた例として、生涯学習都市宣言（昭和54年4月1日）第1号の掛川市（平成7年11月現在）を考察してみましょう。

Ⅰ．はじめに

　現在、多くの市町村が生涯学習都市宣言をするようになった。わが国の生涯学習都市形成にあたっては、P.ラングラン、ハッチンス、OECD等のいわゆる生涯教育・学習論の古典が参考になることは言うまでもない。しかし、これら諸外国の理論をそのままわが国の生涯教育・学習実践に取り入れることは困難である。わが国には生涯教育・学習論が唱えられる以前から、日本古来の思想・知恵を使い生涯にわたる教育・学習活動により地域を形成してきた例は数多い。その一例として、生涯学習都市宣言（昭和54年4月1日）第1号の掛川市（及びその周辺も含む遠州地方）は、特に明治時代以降の報徳社運動の中心地（報徳社の本社である「大日本報徳社」〈この支社多数存在。以下、「大社」と略称。「大社」の前身は、「遠江国（とおとうみのくにほうとくしゃ）報徳社」〈以下、「遠社」と略称〉）である。また、「遠社」・「大社」社長で明治・大正期の報徳社運動の強力な指導者であった岡田良一郎の所在地でもある。そこでは、現在も「大社」とその支社が二宮尊徳の思想（報徳思想）・知恵を活用して地域づくりを進めている。

　生涯学習都市掛川（以下、生掛と略称）に関しては、一般的には「第三次全国

第11章　生涯教育・学習によるまちづくり　185

総合開発計画」(昭和52年11月閣議決定)の影響によるいわゆる"地方の時代"の一動向として捉えられている。しかし、この捉え方はいわば下から起こった報徳社の活動の土壌を活かしている側面を捉えていない。次に、鐘ケ江晴彦「掛川市の生涯学習都市計画」[1]は、「市長個人の強烈な個性と独創的なアイデア」による「かなり思いつき的で統一性が十分にとれて」いないものとする。しかし、過去の報徳社の一次資料と照らし合わせると、アイディアには報徳社の方法論に似た方法がある。次に、「現代のユートピアをめざす」[2]という類の過大評価もある。なお近年、本間義人「掛川『土地条例』の意義　革新性と保守性両立の柔軟さに特徴」[3]、佐藤進『日本の自治文化　日本人と地方自治』[4]、五十嵐敬喜・小川明雄『都市計画　利権の構図を超えて』[5]等が「掛川市生涯学習まちづくり土地条例」(平成3年3月27日掛川市条例第9号、4月1日公布)を紹介している。また、『掛川市史　下巻』[6]、国立教育会館社会教育研修所編『生涯学習の構想と実践〈生涯学習宣言市町村の活動事例集〉』[7]が生涯学習のまちづくりを概説している。しかし、全体として生掛の大きな特色である報徳社の活動の土壌を活かしている側面を明らかにした研究はない。

　一方、報徳社運動に関しては、戦後の政治思想史、経済学、教育史等により、国民支配の運動、日露戦争後の財政難等の国家的問題処理の運動等として、一面的かつ早急に性格づけられてきた。しかし、報徳社運動には政治的行為や資本蓄積の手段という意味以上に、人々の生涯にわたる学習活動という意味がある。

　そこで、筆者は生掛が報徳社の活動の土壌をどのように活用してまちづくりを推進しているのかを、主導力の強い掛川市長榛村純一氏と社会教育を推進する同市教育委員教育長大西珠枝氏(前文部事務官)への聞き取り調査(平成7年4月10日)の結果と、掛川市役所の資料、市長の著作物、報徳思想・報徳社運動に関する史資料を使用して明らかにすることにした。その際、生掛が単なる都市経営だけでなく人々の内面にまで踏み込み道徳心の育成等も考えているという観点から、荒地の開拓と「心田」の開拓を両立した報徳社の活動との関係に着目する。報徳社は、荒地の開拓として、「報徳金」積み立て、田畑・茶畑

整理、道路開鑿(かいさく)、治山・治水・利水、溜池づくり、農業上の知識・技術の習得・活用、植林・緑化等をしてきている。「心田」の開拓とは、心を田(や畑)に見立てて開発することで多分に教育的意味がある[8]。報徳社の人々は、これとして「常会」「報徳婦人会」「報徳家庭会」へ参加し報徳社社長・「報徳学訓導」等の講演を聴取したり、入札による表彰へ参加したり、平素、報徳の実践倫理「勤労」「分度」「推譲」の実践、報徳書・報徳社機関誌等の講読、定款・細則等の遵守、胎教以前の教育の実践等を行ったりする。報徳社は、荒地の開拓と「心田」の開拓を両立させて両者の間に良い相互作用を起こさせ、次代のまちづくりを指導する報徳人を輩出するという方法論をもっている。

Ⅱ. 掛川市長榛村純一と報徳

市長は、宣言の「源流は大日本報徳社があること」[9]、市政は「報徳ルネッサンス運動の始まり」[10]、「報徳は、まさしく生涯学習運動」[11]、生涯学習運動に「報徳思想を是非生かしたい」[12]等と述べる。このように、市政推進やまちづくりにあたり彼は報徳社の活動の土壌へ大きな期待をかけている。

ここで市長の経歴をみてみる。彼は、昭和9年、掛川市上垂木の15代目林家に生まれた。現在も近くに「坂下報徳社」(明治33年3月「遠社」から設立認可)がある。「木を植ゆるは徳を植ゆるなり」と述べた金原明善(報徳研究者留岡幸助、良一郎等と交友あり)を立派だとしばしば語る母、良一郎と息子一木喜徳郎と交際のあった父(3代目掛川市長榛村専一。裁判所判事、愛知大学法経学部教授、北小笠村長等歴任。著作権法研究者)の影響を受け、家の一木の書"一其徳"を見て育った(市長談)。また、報徳精神がしみ込み造られた多数の溜池に囲まれて育った(同上)。昭和38年に掛川市森林組合長(現在に至る)、同43年に静岡県森林組合連合会専務理事(現会長)となる。同52年に掛川市長に初当選し現在に至る。市長就任の所信表明演説では「報徳ルネサンス」(再興)を述べた。同53年2月から「大社」顧問となった。同54年に掛川市生涯学習都市宣言(以下、宣言と略称)を出した。同56年秋に「大社」内「報徳賛助会」代表となり、同59年にメンバー

として青少年用普及版『ほうとく　二宮金次郎』の出版に尽力した。同62年4月から「大社」内「報徳大学校」学長を勤めている。同63年5月23日に尊徳縁の地の6自治体市町村が集合して開催（於「小田原市尊徳記念館」）された「尊徳サミット」で、"町づくりの三か条"「一　まちおこしの先達である翁に学び、未来に向けて活力と魅力あふれるまちづくりをすすめます。／二　翁の唱えた報徳の精神に学び健やかで思いやりの心に富んだ人を育む環境づくりに努めます。／三　翁の一円融合の精神に学び、東西南北の地域の人々と心のふれあう友好の輪を広げるよう努めます。」を作成した[13]。平成3年4月から「報徳運動を育てる会」（元「報徳賛助会」）代表となった。以上のように、彼と報徳とは密接な関係にある。その他、静岡県社会教育委員、（社）静岡県山林協会会長、国土政策懇談会委員、文部省「生涯学習施設ネットワーク形成委員会」委員・「文教施設のインテリジェント化に関する調査研究協力者会議」協力者・「生涯学習クリエイティブアドバイザー」を務めている。

Ⅲ．市長をはじめとする人々の問題意識

　彼は、著書等で掛川市を次のように分析する。自主財源乏しく水不足気味、静岡と浜松にどっちつかずの田舎で、林業も衰退している。（「つま恋」等があり）レクリエーション都市でもあるが、パンチに乏しい。（かつて東海道53次「掛川宿」として栄えたが）インター・駅なしの通過性をもつ。企業は零細で報徳思想がマイナスに作用したとも考えられる[14]。以上のマイナス面と関連し、市政を嫌う、ローカルプライド消失等の現象が出ている。定住意思の希薄化や消極性も招いている。過疎化と優秀な人の流出も起きている。

　しかし、市長は遠州地方の報徳社運動が過去にマイナスをプラスにしてきた（"荒地は荒地の力を以て開"いてきた）実績を意識して次のように言う。安政の大地震で被害を受けたが水がなかった。溜池も多く地形も悪かった。宿場として栄えた時期はあったが、明治以降静岡と浜松の間で置いてきぼりになった。貧しかったから報徳が入り、ケチ・消極的になるのではなく力を出し「推譲」し

てマイナス面をプラス面に転換してきた。尊徳の言う徳とは、「そのものの持てる美点、長所」である。報徳とは、「徳を引き出し活用する」ことである[15]。人々の徳を引き出し活用すれば必ずまちづくりはできる。江戸時代に生まれ、教えが今も実践運動として続いているのは報徳だけで、尊徳は人の身代管理や処世術をもち、人を育てる方法をもっている[16]し、尊徳の学問は、農業経営や土木技術の経験と村おこしや財政再建の指導実践から築きあげられた「日本思想史上の独立峰」なのである[17]。

　市長は、市長就任の昭和52年当時の市の状況は市民全てが何となく停滞しているから流れを変えるには思い切った発想の転換が必要と考え、掛川学の提唱・定住圏の指定・新幹線掛川駅設置の"三大ロマン"を提唱した。周囲は、夢のような話だと言った。市長は、ここで「まちの繁盛・活性化は、お互いに徳を引き出し合えば必ずできる」（市長談）と考え、「報徳の徳すなわち勤倹・分度・推譲という徳」[18]を活用することにかけ宣言に至った。宣言後も、「金次郎の生涯はすさまじい志をもった一生で」「その教えを継いだ遠州報徳社の岡田佐平治、良一郎親子の村づくり、人づくり運動も、激しい向上意欲をもった教育運動」とし、「明治の生涯教育運動であった報徳運動の火が消えそうでは、何のための生涯学習かといわれてもしかたがない」と考え奮起している[19]。

Ⅳ．掛川市におけるまちづくりの実態

1．経過と「生涯学習都市宣言」と「生涯学習都市宣言のテーマとプロジェクト（第5案）」

　まず、掛川市におけるまちづくりの経過は以下のようになっている。①昭和52．9．18市長就任、1年間に市民対話集会約200回。②同52.12新幹線掛川駅設置構想を市議会に発表。③同53．2．24掛川学事始集会（市民総代会の前身）。生涯学習運動の提唱。④同53．4．7モデル定住圏の指定。⑤同53．4．15市長レポート第1号の発行。情報公開と問題提起。⑥同54．4．1生涯学習都市宣言。市制25周年記念。国土庁からの助役。⑦同55．4．1生涯学習18項目10か年3,000

第11章　生涯教育・学習によるまちづくり　189

億円プランスタート。⑧同58.4.1「生涯学習センター」オープン。⑨同58.11駅前通り線が「うるおいのあるまちづくり第1回自治大臣賞」受賞。⑩同63.3.13　新幹線掛川駅開業。⑪平成2.4.1生涯学習10か年計画パートⅡ5,000億円プランスタート。⑫同3.6.1「掛川市生涯学習まちづくり土地条例」施行。⑬同4「徳育保健センター」落成。⑭同5.12.21東名掛川インターチェンジ供用開始。⑮同6.4.3本格木造復元「掛川城天守閣」開門。

掛川市は、昭和54年4月1日議会宣言により宣言を行った。要約宣言文は、

　　「掛川市生涯学習都市宣言
　　掛川市民は
　　少しでも多く幸せを実感する為に
　　健康で生き甲斐をもって生きていく為に
　　お互いは何をなすべきかと
　　いつも問いかけ合いながら、一生涯学びつづけていこう
　　市制25周年記念に当り
　　掛川市を『生涯学習都市』とすることを宣言する
　　　昭和54年4月1日
　　　　　　　　　　　　掛　川　市」

である。全文はⅠ～Ⅳまである。市長が全文のうち特に気をつけたくだりは、「健康で生き甲斐をもって生きていくために、／一人でも多く素直になり、悟りを開けるようになるために」の生涯学習の目的部分と、「掛川市は／ありきたりの田園都市ではなくて／思想性の高い田園都市となるために」の目標部分である[20]。行政用語に馴染まないと言われた「趣味道楽」「思想性の高い」は敢えて入れた[21]。宣言を出す前に作られた「生涯学習都市宣言のテーマとプロジェクト（第5案）」（全18項目）のうち報徳に関係しているのは、「1　掛川（わが地域）をよく認識し、良質の情報『これっ』というものを磨き上げる一〇年／……報徳社、つま恋、溜池谷田文化、さやの中山など（掛川学事始）。／（以下、略）」「8　商工業の安定路線、省エネルギーの生活哲学（報徳）を確立する一〇年／商売・経営を通じてしっかりした人間をつくる。……省資源の職業倫理。」「10　川・池・水と人間の関係で流域単位にものを見直す一〇年／治山・

治水・利水（水資源確保・上水・農水）・下水。／（以下、略）」である。すなわち、まず良質の情報「掛川学」作成（「掛川学」を作るのは地域をよく知ることで、このことは報徳社運動の基本論である〈市長談〉）にあたり、報徳社そのものや、報徳社が力を注いで築いてきた「溜池谷田文化」に着目している。次に、省エネルギー等を追求する際、商人にも浸透した報徳思想（特に「分度」）を活用しようとしている。次に、明善・良一郎等の報徳人が報徳精神で大きな功績を残してきた本地域の治水等を意識している。

2．「地球・美感・徳育都市宣言」

生涯学習都市宣言発布10年を記念して、

「 『地球・美感・徳育』都市宣言
1．地球・森林都市（全市生涯学習公園化計画をすすめる）
　　掛川市民は、いつも地球環境や平和のことを考え、森と水を大切に思い、わがまち全体を清らかな公園のようにつくり上げていこう。
2．美感・活力都市（全社生涯学習活性化計画をすすめる）
　　全ての法人と団体は、美しい心、美しい都市（まち）、美しい人をモットーに、知識・情報集積に努め、信頼の人間関係をしなやかに活性化させていこう。
3．徳育・安心都市（全戸生涯学習安心化計画をすすめる）
　　全ての家族は、食育（食事の教育）・撫育（愛撫する教育）という徳育に務め、いつも福祉の心をもって、健康な家庭と安心な地域社会を築いていこう。
　　1990年4月1日
　　　　　　　　　　　　　　　　　　　　　　　　　　　掛川市」

も宣言した。市長は「掛川は、お互い、徳を引き出し合うなかで、地球森林・美感活力・徳育安心都市をめざしている。」[22]と述べ、この宣言と報徳との関係も明言している。

3．まちづくりの状況―報徳との関わり―

(1) 資金・制度・環境面の活動―荒地の開拓との関わり―

ア．行政

　「財政再建・農村復興の為に、村にどれ程の生産力があるかよく調査し仕法を行い、生産力があがったらお百姓さんへ還付するのとたまたま一致した」(市長談)が、市でも、借金財政を見定め、区画整理・街路事業・土地条例による土地利用、芸術性ある公園的商店街作成を図っている。例えば、駅南北を始めとする区画整理事業、大規模工業団地（エコポリス）の建設、企業誘致等を行っている。土地条例文のように「地価の上昇があった場合においては、報徳推奨の精神に基づき、その利益を市民全体に還元し社会的公正の確保に資」している[23]。

　また、生産量日本一のお茶（報徳社・報徳人が茶業を発展させてきた功績大）を始め、伝統産業の葛布製品、いちご・バラ等の産業育成にも力を注ぐ。

　また、森林づくり、ゴミ・公害をなくす活動、"緑化は絶対善"[24]の考えの下での緑化を推進（例．ムクゲと生涯学習シンボルフラワーフヨウの100万本植栽）し、「全市生涯学習公園化計画」を実現させている。市は、森林組合に1,000万円を出資し森林キャンプ場（シルバポリス）や土地条例による永久森林を設けた。また、昭和54年5月には第30回県中央植樹祭を掛川市下垂木地内「飛鳥報徳社」有林（山林所有の報徳社多数あり）で開催し、この年を掛川市の緑化元年とした。かつて良一郎は、城址一帯に植物教育園を作ると東西からお客が集まり掛川が賑わうとし実行したが、市長は掛川に新幹線駅を作る根拠の一つに全市域を緑化公園化し公園駅を作ることをあげているのは、この良一郎の構想にヒントを得ている面が多分にあると言う[25]。なお、市長が"緑化は絶対善"とするのには「町の緑の質量が、その町の文化度、市民の成熟度をあらわす指標になっていく」[26]「人々は緑と出あい、年輪と出あい、清流と出あい、自分と出あい、生涯学習人生を深めていく」[27]という考え方がある。

　市民募金も有効に活用している。市民募金30億円（一戸平均約10万円）が達

成されると、総事業費135億円で新幹線掛川駅を開業し、駅周辺の"日本一掛川駅八景づくり"を進め景観に留意した。駅前には33種類・100本の街路樹を植栽し、開業記念として「大社」・「掛川経済懇話会」寄贈による"二宮金次郎の像"（制作者松田裕康）を建立（昭和63年3月13日）した（像には、尊徳は「向学、勤勉、貯蓄のモデルのような一生」とか像は「向学心の象徴」という市長解説が刻まれている）。さらに、市民募金10億円により全国初の本格木造復元の掛川城天守閣を開門した。市長は、これら市民募金は「尊徳の推譲の精神の土壌があったのでできた」と分析する[28]。

　生涯学習施設に関しては、三層に分類した「三層建て生涯学習施設」を配置しネットワーク化を図っている。三層は、中央施設群〈全市民が集まるところ〉である上層、学校区施設群〈学区、旧村の区民が集まるところ〉である中層、自治区施設群〈区の住民が集まるところ〉である基層から成る。新たに「生涯学習センター」（ここで、掛川市の市民大学として「大社」の人の講演会も開催）を設立し「上層」の中心に据えた。上層には、その他市役所、市立総合病院、教育センター・教育会館、市立図書館、総合福祉センター、「大社」、掛川城址等52施設を配置した。中層の中心は、地区学習センターで、主に「大社」の支社である地区報徳社、小学校・中学校・幼稚園も加えた。基層には、地区報徳社、神社・寺院等も加えた。なお、市長は現在閉鎖中の「大社」の「淡山翁記念報徳図書館」を早く活用できるようにしたいと言う[29]。

　さらに、市はデータバンクを整理し、情報収集・管理にも努めている。

イ．企業

　市長は「これからの社会は節制と自立が大事」で、報徳運動を見直しすべての企業の自己資本充実を十年かかって図りたいと言う[30]。また、彼は企業に対して、社会的還元・地域投資を呼びかける。この社会的還元・地域投資の呼びかけは、良一郎も日露戦争後等に行ったことである（「大社」文書）。

ウ．市民

　市民に対しては、自己資本の充実を求める。市長は、掛川市が「とくに貯蓄性向が強い」のは「勤倹貯蓄を説いた二宮尊徳の大日本報徳社が掛川市に

あるから」[31]と分析し、その土壌に期待する。また、市長は尊徳に倣って、これからはわがまちと外国と森林・環境の為の貯金が必要であり、経済大国日本はこれらをあまりしなかった為、非難、破壊等を起こしていると啓発する[32]。

エ．婦人

　婦人は婦人会組織の充実を図る。市長は、「幸い掛川は婦人会活動の先進地ですから期待している」（市長談）と述べるが、実際に掛川では、「遠江国報徳社」が明治36年4月に「報徳婦人会」を発会して以来、「報徳婦人会」が活発に活動し地域づくりをしてきている経緯がある（「大社」文書）。

(2)　内面に踏み込んだ活動―「心田」の開拓との関わり―

　一方、生掛は内面に踏み込んだ活動も推進する。市長は、理念をもった実施計画である尊徳の「仕法」には封建制下の限界はあるが、日本独特の農村合理主義が貫かれているとしたうえで、尊徳の"心の荒蕪一人開くときは地の荒蕪何万町あるも、憂うるに足らず。己の一戸を廃して万戸を起こさんとす"を引用し、市民の「心田」の開拓に着目する[33]。

ア．行政

　市役所においては、官の弊害是正、市役所内でのリーダー集団養成に努める。

イ．企業

　市長は、企業に対して社会的還元・地域投資を通しての地域文化の形成を求める。また市は、「企業の教育力（雇用、税収、文化、スポンサー力）」の活用を期待し、「従業員に対する地域教育（掛川学のすすめ）、レクリエーション活動」を勧める[34]。

ウ．市民

　市民は市民総代会へ参加する。中央集会は4月に140自治区三役、市三役・部長参加で、地区集会は10〜11月に17会場で行う。主に、市政の広報・広聴（対意見・要望・苦情・アイディア）を行う[35]。市長は、皆が本会に素直に出席するのは、報徳社「常会」へ出て地域を学習する土壌があるからと言う（市長

談)。そして、前述市民募金は総代会システムの寄与が大きいと言う[36]。総代会への参加と市民募金による掛川駅等建設の構図は、誰でも参加可能な「常会」への参加とそこでの報徳金積み立て・地域への還元の構図を思い起こさせる。

　市民は、「生涯学習シンポジウム」にも参加(昭和54年以降)する。テーマは、第1回(昭和54年)「自然と都市と人間のあり方を求めて」、第3回(昭和62年)「生涯学習社会への移行、その展望と戦略」、第8回(平成4年)「掛川まちづくりシンポ」等である。また、「生涯学習推進市民大会」(昭和56年から毎年開催)へも参加する。

　また、平成7年4月8日から教育委員会社会教育課が開設した「とはなにか学舎」にも参加する。本学舎は、「我がまち『かけがわ』を愛する人を大勢つくるとともに、人間を磨き、グローバルな視点から、"きらり光る小都市『かけがわ』"の将来像を描き・語れる人を育てることを目的」とする(教育長談)。社会教育の従来の教養講座の他に、名所めぐり、企業・行政施設見学、リーダー養成、地域おこし塾等の機能を備えた、全国初の新しい画期的な生涯学習システムである(同上)。

　さらに、「年輪のつどい」(20歳〈成人式〉から始まり90歳〈卒寿式〉まで、10年ごとの節目に人生を味わう為に行われる催し)にも参加する(年齢階悌に応じた式は、報徳によるむらづくりをして内務省等から"明治の三大模範村"と言われた静岡県賀茂郡稲取村でも行われていた)。各年代別の実行委員会は、企画・運営・実施を行う。内容は、記念式典・講座・アトラクション・アンケート調査である。なお、年輪とは木の年輪から取った言葉であるが、市長・木・報徳の三者は密接な関係にある。例えば市長はこう述べる。「私は、報徳の教えがしみついて育てられたので、徳育をいつも意識……。／植林に行けば、『木を植ゆるは徳を植ゆるなり』と教えられ」[37]た。「いつも山と森と昆虫に出あって暮らし……無常を感じるときもあれば、自然の奥深さや生命の切なさを思うときもある。」[38]。また、彼は家にある15代前の先祖が植えた5本杉(400年生、40メートル位)と本人が最初に植えた杉・ヒノキ(25年生、15メートル平均)をさわ

り、絶望・落ち込みを癒している[39]。

　市長によれば、徳は一生涯かけて積んでいかねばならないもので、節目節目で通過儀礼を行い、積んだ徳を確認するのがこのつどいである。「人材」の「材」は「材木」にも使用され（市長談）、「木も人間も、できるには五〇年かか」る[40]。木の伐採＝報徳金である[41]。彼は自らもこのつどいに参加し、「お茶をいただきながら宇宙と生命を感じ、地域と時代の移り変わりを楽しみ、次の十年の仮決算に向かって悠々と暮らそうと話し合っている。」[42]。彼は、「一杯のお茶を一期一会の気持ちで飲むことは、徳育の最たるもの」[43]と言う。ここで市長・筆者が「一杯のお茶」を報徳流に解釈すれば、先祖あって今ある、年輪を重ねた一本の茶の木に、天地のあり余る恵みと人の「勤労」等のあらゆる徳が加わることによってできた茶に感謝し、茶を飲むことにより生命を維持できたり、おいしさを感じたり、疲れを癒したりして、初めて茶の徳を生かすことができる、ということになる。

　市民は、「オレゴン生涯学習村」（平成元年第三セクターによる株式会社を設立し、アメリカ合衆国オレゴン州ユージン市に農場72haを購入して掛川市民の「国際生涯学習」を実践できるようにしたもの）で、農業後継者の研修、日米農業の比較、農業情報の収集を行う。また、中・高・大学生は、ここでアメリカ研修、英語塾、野外生活体験をする。外国での研修・学習は、かつて明善がしばしば起こる天竜川氾濫を報徳精神で解決する為、私費で水利学校を設立し生徒をフランス等へ留学させ水利技術を学ばせた話を思い起こさせる。

　その他、市長は市民に次のようなことを求める。

a．省エネルギーの生活哲学、省資源の職業倫理の追究。市長は、「尊徳の教えは、子孫を思って現在を地味にすごし、他人の恩を感じて、これに報い、そしてほどこし、自己を節するというきわめて禁欲的、省資源的なもの」と言う[44]。また、ものの美点、長所を大切にすれば、ケチではなく省エネ・省資源になると言う。

b．「私による私の幸せ」の追求と生涯設計。

c．一人一芸一スポーツ、一人一業一ボランティア、一人一役一健康法への

参加。

　　d．「余裕の美徳を求めて集う」為の「つま恋」活用[45]。

エ．農家・商工業者

　　市長は農家に対し、報徳運動をバックボーンに据え、農業を営むのはひとつの思想運動であると認識した専業農家が育つことを求める[46]。

　　市が提唱する「商工業の安定路線、省エネルギーの生活哲学（報徳）を確立する」に応えるように、何人かの商業者は商売を勉強し、商売のレゾンデートル（存在理由、存在価値）を考えている。実際に、過去には遠州地方で商人による報徳社も結成されている。鷲山恭平（郷土史家・報徳社社長・小笠郡土方村村長。明治5年〜昭和32年）は、遠州に初めて報徳を伝導した安居院庄七（別名義道。寛政元〈1789〉年〜文久3〈1863〉年）が伝えた商法（「元値商」「報徳商」）を次のように述べる。「……翁（安居院庄七—引用者注）は世の中の人は高く売れば儲かると云ひ、安く売れば損をすると思ふ、然かし高値の店はお客が減る安く勉強する店はお客が殖へる、譲つて損なく奪つて益なしの教訓から割り出して、『合ふ様にしても合はぬ、合はぬ様にしても合ふ』格言様のものを案出して、自分の算盤を強く握つても思つた程金は儲からぬ、お客に算盤を預けてもお得意大事に扱へば店は栄へる、又商法は売つて喜び買つて喜ぶ、双方共々喜ぶのが極意である……。」[47]。こうした商人道のエートスを、市長は現在にも通じる「職業倫理」或いは「掛川人の商売魂」とし、掛川という地方の特殊性の中で「大きくなりもしないが、不況でつぶれもしない」商工業の基本として活かそうとしている[48]。

オ．青少年

　　市長は、現代青少年の状況に問題を感じ述べる。「尊徳像は、実学、実働の素晴らしさを持った傑作であります。子供にも徳があります。しかし、現代の家庭には躾の方針がないため、子供の徳を引き出せないでいる……親のできないことを子供に押し付けている場合が多い……。現代はお手本なき社会で、財政をはじめ全般にわたって、再建、再生は自分の頭で考えて歩む生涯学習が大切です。」[49]「今の若者の考え方は変わっていて、節約について

いえば、本来タクシーを使わず歩くことが節約なのですが、……人の自動車に便乗させてもらって無料なのが節約である、という発想であります。哲学者イヴァンイリッチによりますと、現代の病弊は、①学校化の病弊（なんでも学校オンリーで自立心なし）、②加速化の病弊（早い者勝ち、自分の足で歩かない）、③医療化の病弊（注射してください。云々……、無知(ママ)で自分から直すことを忘れている）、④幼稚化の病弊（親離れ子離れができない……子供っぽくなっている）であるといいます。……。現代はモラトリアム社会で、過保護、甘えの社会ですので、事故、事件が多発しています。……報徳の目指すところと逆の方、逆の方へ行っていると思います。」[50]。こうした状況の中、彼は「東洋では古来、知育、徳育、体育を三領域として、そのバランスを重視してきた。／第二次世界大戦後、日本では、知育と体育は盛ん……、徳育は、二宮金次郎の銅像とともにすたれ」[51]たが、掛川で生まれた為徳育をいつも意識しその重要性を考える。そして、「徳という言葉は、今も人徳として生きています。徳は誰もが持っています。……その徳を引っぱり出すのが報徳運動（教育）であります（エデュケーションとは引き出すということ）。同時に、感謝の生活（譲る面）であり、天地自然万物森羅万象の徳を引き出すことを若い世代は知らなければなりません。」[52]と力説し呼びかける。

　では、以下に徳育の推進例を挙げてみよう。

a．市長は「溜池谷田文化」を良質の情報とし、小笠・掛川学校区の社会科教師有志に「溜池」の授業書を編集してもらい、小学校4年生の教材として活用した。彼は「かつて400～500あった溜池は、荒廃した農村の生産力をあげる為、報徳がバックボーン・エネルギーとなって造られた」（市長談）と言う。明治期の「遠江国報徳社」の「無利息年賦貸付金明細表」（「大社」文書）より、実際に「遠江国報徳社」の支社は溜池新築費を盛んに借りて溜池を自発的・積極的に造っていたことがわかる。

b．市長は、徳を引き出すことを若い世代が知る為に「報徳訓」を新しく別の言葉で置き換え、生涯学習と報徳とを結びつけ啓発する。「報徳訓」とは次のようなもので、尊徳が一般農民に対し報徳の教説を理解しやすくす

る為に作成したものである（報徳社の「常会」では必ず全員でこれを合唱している。また、報徳社の機関誌にもしばしば掲載された）。

「父母根元在天地令命　　身体根元在父母生育　　子孫相続在夫婦丹精
　父母富貴在祖先勤功　　吾身富貴在父母積善　　子孫富貴在自己勤労
　身命長養在衣食住三　　衣食住三在田畠山林　　田畠山林在人民勤耕
　今年衣食在昨年産業　　来年衣食在今年艱難　　年々歳々不可忘報徳」

　　市長は、この「田畠山林」を資源環境と置き換えたり[53]、飽食、浪費、垂れ流しのような「分度」の徳の喪失のうえでの繁栄に警告を発したりしている[54]。

c．市長は、徳育をそのまま出すと、修身の復活だ、徳目主義だ、説教くさい、古くさい、反動的だ等と言われるので、食育と撫育を考え提唱した(市長談)。すなわち、人間の二大本能は食欲と性欲で死ぬまで持ち続ける生きがいの根源的なもので、人生は、食事に始まって食事に終わり、愛撫に始まって愛撫におわる[55]。したがって、徳育は食事の教育（食育）と愛撫する教育（撫育）で始まるのが適当と考え、食事・愛撫を「限りなくやさしく、限りなく美しく、限りなく心を込めてできる人を育て」[56]るよう尽力する。彼は、食育・撫育は報徳から考えたのではないとするが、前述の「一杯のお茶」の話から食育は報徳と関係する。また、「撫育は林学用語にもあり、植林すること」(市長談)で、彼は「木を植ゆるは徳を植ゆるなり」と認識しているから、彼においては撫育は徳を植え育てる報徳の実践にもなる。

d．昭和56年に発足した「掛川市青少年健全育成会」(事務局は掛川市教育委員会社会教育課)は、「徳育の木」を描いた紙を作り平成5年10月に広報で各家庭に配布し家庭に貼ることを呼びかけた。

e．市は、報徳による青少年育成（例．良一郎による私塾「冀北学舎」の設立・運営）の土壌の活用を考えている。例えば、「明治のはじめ多くの傑出した人物を育てた冀北学舎の精神」を受け継ぎ、倉真小学校区で「冀北祭」開催・PTA活動の機関紙『冀北』発行、地域で郷土誌『くらみ』発行をし

ていることを広報に掲載し市民を啓発する[57]。
カ．婦人
　市は、婦人に対して、女性の知恵を出す、女性学を学習する、"生涯教育ママ"をめざす、「母体の教育」を充実すること等を図っている。例えば、模擬市議会「女性会議」で、任期１年の27人の会議員が本会議（年１度）と全員協議会（年１度）を行う。研修会・運営委員会は随時行われ、専門委員会では文化・教育、民生環境、市民経済に関することが話し合われる。

Ⅴ．おわりに

　以上みてきた生涯学習都市掛川におけるまちづくりと報徳の状況を図示すると図６のようになる。これによると、生涯学習都市掛川は単に都市経営としてまちづくりを推進しているだけでなく、報徳社の活動の土壌を活用しつつ人々の内面にまで踏み込み道徳心の育成も考えた活動も行っている。これは、荒地の開拓と「心田」の開拓とを両立させてまちづくりを進める報徳社の方法論に酷似していることが指摘できる。
　市長は、以下の市民の批判等の声も把握している。(1)「上でざわざわ……下は何も動いていない、竹やぶ生涯学習だ」[58]。(2)「二五億円を集める為に掛川学事始という生涯学習運動をやったのではないか」。(3)市の公共事業・行事を「何でもかんでも生涯学習にしすぎる」。(4)「文化ではメシは食えない。」（中略）。
　市長は、こうした批判等を冷静に受け止める。「市民にとって目にみえる即座の結果も必要」と言う一方、「渋さとケチとはちが」い「報徳の文化は渋さの文化であり、後代のために精励し、他人のために貢献する。／掛川に対し、報徳運動がマイナスに働いたか、プラスに働いたかは、これからがきめること」[59]と述べてゆったり構える。ここには、かつて300年の樹を育てることと300年かけて「人智品行」を改良することを併せて考え報徳社運動に邁進した指導者良一郎と重複する市長の姿がある。

200 第Ⅱ部

図6 生涯学習都市掛川におけるまちづくりと報徳

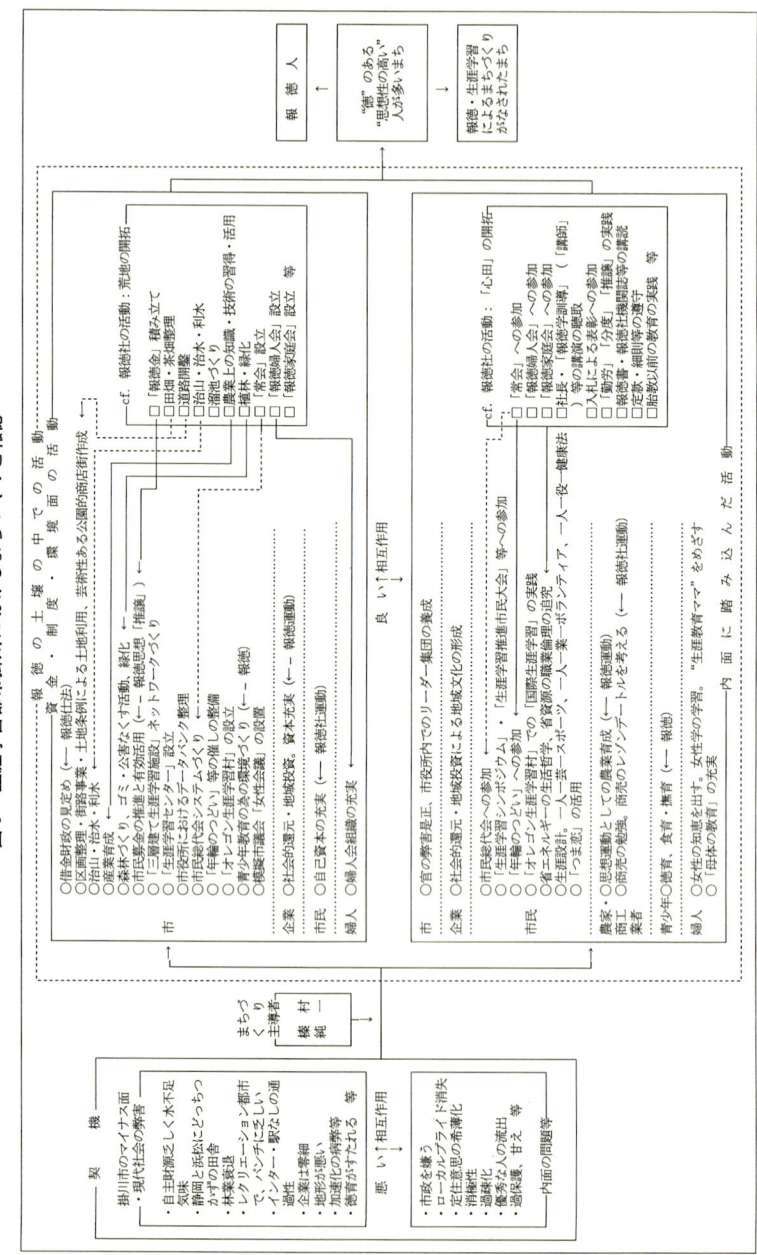

―― 報徳の土壌・制度・環境面での活動 ――
資金、教育事業、土地利用、芸術性ある公園街の商店街作成

市
- ○借金財政の見直し（←報徳仕法）
- ○区画整理、街路事業
- ○森林づくり、ゴミ、公害なくす活動、緑化
- ○三ヶ日町、生涯学習施設「報徳思想」
- ○報徳会の推進と有効活用（←報徳思想ネットワークづくり）
- ○生涯学習センター・「タバンクの整備
- ○市民的活動におけるデータバンクの整備
- ○市民参加システムづくり
- ○（オレンジ生涯学習村）等の催しの整備
- ○年間をつらぬく、年間をつうじての企画
- ○青少年教育の場の環境づくり（←報徳）
- ○焼津市議会「女性議会」の設置

cf.「報徳社の活動」：荒地の開拓
- □田畑・水利整理
- □道路整備
- □治山・治水・利水
- □農業上の知識、技術の習得・活用
- □植林、緑化
- □「報徳碑建立会」設立
- □「常会」設立
- □「報徳家庭会」設立　等

企業 ○社会的運元、地域投資、資本充実
市民 ○自己資本の充実（←報徳社運動）
婦人 ○婦人会組織の充実

良い↑↓相互作用

市
- ○官の弊害是正、市役所内でのリーダー集団の養成
- ○社会的運元、地域投資による地域文化の形成

企業 ○社会的運元、地域投資、商売のレンタルデータを考える（←報徳社運動）

市民
- ○市民時代の参加
- ○（生涯学習シンポジウム・「生涯学習推進市民大会」の実施
- ○（オレンジ生涯学習村）での「国際生涯学習」・省エネルギーの生活哲学・省資源の農業倫理の追求
- ○生涯学習、一村一品スポーツ、一人一芸ボランティア、一人一役一健康法

cf.「報徳社の活動」：心田の開拓
- □「常会」への参加
- □「報徳講会」への参加
- □「報徳家庭会」への参加
- □社長・役員・委員への参加
- □札による表彰の実施
- □分度、推譲の実践
- □勤労
- □報徳書、報徳社機関紙等の講読
- □定款、細則の遵守
- □始教以前の教育の実現　等

青少年 ○徳育、食育、徳育
婦人 ○女性の知恵を活かす、女性教育ママを目ざす
- ○「母体の教育」の充実

内面に踏み込んだ活動

まちづくり主導者
横軸 純一

悪い↑↓相互作用

契機

掛川市のマイナス面・現代社会の弊害
- ・自主財源乏しく木不足
- ・気候、土地に応じどうちがうかの自信
- ・静岡と浜松にはさまれる
- ・林業衰退
- ・レクリエーション都市で、ベッドタウンにもならしい
- ・インター、駅からしの通過都市
- ・地形土寒冷
- ・企業誘致細
- ・加速化の病弊等
- ・徳が失われる等
- ・内面の問題等

〔備考〕実線の左矢印は、報徳、報徳思想、報徳仕法、報徳運動、報徳社の活動、からの影響があることを表わす、点線の左矢印は、報徳・生涯学習によるまちづくりがなされたまちを表わす。

[注]
⑴　松原治郎・鐘ケ江晴彦（昭和56年）『教育学大全集9　地域と教育』第一法規出版、pp.171～177。
⑵　宮崎俊作（昭和56年）「現代のユートピアをめざす」、『月刊　社会教育』No.290、国土社、pp.50～55。
⑶　本間義人（平成3年5月）「掛川『土地条例』の意義　革新性と保守性両立の柔軟さに特徴」、『地方財務』No.444、ぎょうせい、pp.19～30。
⑷　佐藤進（平成4年）『日本の自治文化　日本人と地方自治』ぎょうせい、pp.329～331。
⑸　五十嵐敬喜・小川明雄（平成5年）『都市計画　利権の構図を超えて』岩波書店・岩波新書294、pp.180～182。
⑹　掛川市史編纂委員会編（平成4年）『掛川市史　下巻』掛川市、pp.1452～1493。
⑺　国立教育会館社会教育研修所編（平成5年）『生涯学習の構想と実践〈生涯学習宣言市町村の活動事例集〉』日常出版、pp.130～137。
⑻　「心田」の開拓については、拙稿（平成2年3月）「近代日本における報徳社の教育活動に関する研究（Ⅲ）―橋本孫一郎の『双松学舎』の経営を中心に―」、『金沢大学大学教育開放センター紀要』第10号、pp.107～151、を参照されたい。
⑼　榛村純一編（昭和57年）『いま、なぜ生涯学習か』清文社、p.80。
⑽　榛村純一（昭和59年）『生涯学習都市って何やってんの　お茶と報徳の町掛川の挑戦』（以下、『何』と略称）清文社、p.174。
⑾　同上、p.227。
⑿　『広報　かけがわ』（以下、『広』と略称）第580号、昭和57年2月15日、p.6。
⒀　榛村純一（平成3年）「陰徳の人―良寛と尊徳」、『致知』1991年9月号、p.23。
⒁　昭和52年第6回定例会（昭和52年9月27日）における市長の所信表明演説。『掛川市議会会議録』所収。
⒂　前掲、榛村純一「陰徳の人―良寛と尊徳」p.21。
⒃　同上、pp.21～22。
⒄　前掲『広』第580号、p.6。
⒅　飯島宗一・石井威望・榛村純一編集（昭和62年）『生涯学習最前線』ぎょうせい、p.24。
⒆　前掲『広』第580号、p.5。
⒇(21)　前掲『生涯学習最前線』p.32。
(22)　榛村純一（平成6年）「木を植ゆるは徳を植ゆるなり」、『日本報徳運動雑誌集成』〈全47巻、別巻1〉のパンフレット、緑蔭書房。
(23)　なお、市長は条例以前より「報徳精神による土地利用線びきをきちんとした思想性の　高い農村都市の方向」（『広』第529・第530合併号、昭和55年1月1日、p.6）を打ち出していた。
(24)　『広』第511号、昭和54年4月1日、p.8；掛川市生涯学習部良質地域課・教育委員会社会教育課（平成7年1月）『生涯学習都市をめざして―掛川市の生涯学習運動―』。
(25)　『広』第539号、昭和55年6月1日、p.5。
(26)　前掲『広』第511号、p.8。
(27)　榛村純一「先祖の大杉と話す」、『朝日新聞』昭和63年7月9日付。
(28)　榛村純一（平成4年11月）「尊徳の教えと六つの貯蓄」、『エコノミスト』92.11、毎日新聞社、p.90。
(29)　『広』第515号、昭和54年6月1日、p.6。淡山とは、良一郎のこと。
(30)　『広』第507号、昭和54年2月1日、p.5。
(31)(32)　前掲「尊徳の教えと六つの貯蓄」p.90。

㉝　『広』第495号、昭和53年8月1日、p.6。
㉞㉟　前掲『生涯学習都市をめざして―掛川市の生涯学習運動―』。
㊱　榛村純一（昭和63年4月）『掛川市生涯学習運動の特色と課題　十八項目のテーマとプロジェクトはいかにすすんだか』市民総代会システム十周年記念、等。
㊲　前掲『日本報徳運動雑誌集成』のパンフレット。
㊳㊴　前掲、榛村純一「先祖の大杉と話す」。
㊵　伊藤滋・木原啓吉・榛村純一編（昭和55年）『地方の時代への模索』清文社、p.20。
㊶　前掲『何』p.301。
㊷㊸　榛村純一掛川市長「地域づくりと生涯学習」、『読売新聞』日刊、平成4年1月9日付。
㊹　前掲『広』第495号、p.6。
㊺　『広』第518号、昭和54年7月15日、p.6。
㊻　前掲『いま、なぜ生涯学習か』p.85。
㊼　鷲山恭平（昭和28年12月）『安居院義道』大日本報徳社、p.15。傍線は引用者。
㊽　前掲『地方の時代への模索』p.45、等。
㊾　前掲『何』p.300。
㊿　同上、pp.299〜300。
(51)　前掲『日本報徳運動雑誌集成』のパンフレット。
(52)(53)　前掲『何』p.299。
(54)　前掲、榛村純一「陰徳の人―良寛と尊徳」p.22。
(55)(56)　前掲、榛村純一掛川市長「地域づくりと生涯学習」。
(57)　前掲『広』第529・第530合併号、p.9。
(58)　以下の批判等は、前掲『生涯学習最前線』p.28・p.36・pp.42〜43、より。
(59)　『広』第489号、昭和53年5月1日、p.6。

　　　　　　　　［引用・参考の文献］
(1)　拙稿（平成7年11月）「生涯学習都市掛川におけるまちづくりと報徳」（研究ノート）、日本生涯教育学会『日本生涯教育学会年報』第16号。1部、加筆・修正した。

★調べてみよう

①「大日本報徳社」（静岡県掛川市掛川1176。TEL.053―722―3016)、「報徳博物館」（神奈川県小田原市南町1―5―72。TEL.0465―23―1151)などに行って、報徳の歴史・現状を調べてみよう。

★読んでみよう

①榛村純一（昭和59年）『生涯学習都市って何やってんの　お茶と報徳の町掛川の挑戦』清文社。
②平松守彦（平成2年）『地方からの発想』岩波書店・岩波新書赤138。※一村一品運動に関する著書。

第12章

二宮尊徳の報徳思想・報徳仕法から考察する社会づくり

> 筆者は、豊かな社会を作っていく際に参考となるわが国の考え・活動において、よく考え抜かれているものとして、二宮尊徳の報徳思想・報徳仕法があると考えています。これを封建時代の遺物かのように言う人もいますが、今も多くの組織・人がこれに賛同しています。ここでは、近年の二宮尊徳・報徳をめぐる状況をみたうえで、報徳思想・報徳仕法の原理・内在論理の全体像をみて、社会づくりに有効かどうかを考えていきましょう。

Ⅰ．近年の二宮尊徳・報徳をめぐる状況

近年の二宮尊徳（以下、尊徳と略称）・報徳をめぐる状況を列挙すると以下のようになる。

1．政治、行政での動き

・元総理大臣中曽根康弘が、政治家、青少年に二宮尊徳を学ぶことを推奨。
・元自民党幹事長武部勤が、幹事長時代に国会で尊徳の「芋コジ」会を提唱。
・文部科学省「平成18年度大学教育の国際化推進プログラム（長期海外留学支援）公募」ポスターに、二宮金次郎像が登場。キャッチフレーズは、「学生よ、世界を舞台に競ってこい。」。
・平成18年6月14日、政党の民主党の国会議員有志により「二宮尊徳思想研究会」（報徳議員の会）が発足、以後、報徳の勉強会開催。

2．中国からの着目

・平成14年6月、「北京大学」にて、「国際二宮尊徳思想シンポジウム」開催及び「国際二宮尊徳思想学会」設立の決議。
・平成15年4月、「国際二宮尊徳思想学会」設立。
・平成17年3月、大連市「大連民族学院」にて、国際二宮尊徳思想学会「二宮尊徳の報徳理念と実践」フォーラム開催、及び同大学内に「中国東北・二宮尊徳研究所」（尊徳の研究所として中国初）設立。
・平成18年8月、「大連民族学院」にて、「国際二宮尊徳思想学会第三回学術大会」開催。総勢40名以上の中国の研究者・大学院生等が、研究発表（紙面上での発表も含む）。中国の識者から、「道徳危機」「精神危機」「拝金主義」「三農問題」「環境問題」「貧富の格差」などの諸問題が指摘され、報徳に学ぼうとする意識が高まった。
・平成18年9月、曲阜市「孔子学術会堂」での「曲阜孔子書院創立式典」ならびに「儒学発展学術報告会」にて、「孔子書院」設立の方々が、尊徳・報徳に着目し、日本から2名の報徳実践・研究者を招待し、尊徳・報徳の発表が行われた。
・平成19年3月、上海市「華東理工大学」内に「華東理工二宮尊徳研究センター」（尊徳の研究所として中国で2番目）設立。
・平成20年11月、上海市「華東理工大学外国語学院」にて、「国際二宮尊徳思想学会第四回学術大会」開催。発表者から、報徳により「和諧社会」（2004〈平成16〉年、中国共産党が発表した各階層間で調和の取れた社会を目指すスローガン）に向かうことも述べられた。

3．「全国報徳研究市町村協議会」の事業「報徳サミット」

　尊徳縁の地の自治体等による「全国報徳研究市町村協議会」（平成11年2月設立。平成19年10月現在、北海道中川郡豊頃町、福島県相馬市、栃木県日光市、神奈川県小田原市、静岡県掛川市・御殿場市等の23市町村加入）が、「報徳サミット」開催。一例として、尊徳没後150年の平成18年10月21日には、小田原市民会館を会場に第12

回「報徳サミット」開催。「第12回　報徳サミット小田原大会」で、「至誠」に基づく「ひとづくり」「まちづくり」、報徳の教えに基づく行財政改革、「『二宮尊徳翁』のNHK大河ドラマ化への働きかけに努めます」、等を宣言。

Ⅱ．報徳思想・報徳仕法の重要な用語と報徳思想・報徳仕法の原理・内在論理

1．報徳思想・報徳仕法の重要な用語

(1)　徳、報徳

　尊徳は、太陽を始め万物万象それぞれに何らかの意味があるとし、それらに徳という称号（例.「天徳」「地徳」「日徳」「父徳」「田徳」「米徳」「金徳」等、『報徳訓』、『全』1[(1)]、pp.532～543）を付与した。彼の言う徳とは、価値、有用性、取り柄、長所、美点、よさ、などの意味である。万物万象全てに、価値、有用性があるとした点に、尊徳の独自性がある。

　尊徳は、多くの徳（周囲の人間の徳も含まれる）によって、我々が生かしてもらっている事実に着目した。そして、我という無始無終の存在は、空間的に捉えられた天地人三才の徳と、時間的に捉えられた過現未三世の徳が織りなしている現実の中で生かされていることを悟り、自らの徳をもって徳に報いるという価値（「徳」）の実現（「報」）をする報徳の必然性の認識に行き着いた。

(2)　「勤労」「分度」「推譲」

　図7（後述）の「思想面」中の「高次元の『人道』の形成」、「活動面」中の〔個人〕の「活動」、「活動面」中の〔集団・地方・国家〕の「『勤労』『分度』『推譲』」「『報徳金』運用」の箇所のいずれにも、「勤労」「分度」「推譲」は含まれる。「勤労」「分度」「推譲」は、尊徳独自の意味があり、図7の報徳思想・報徳仕法の原理・内在論理を捉える際に、重要な位置にある。

　「勤労」とは、働くという徳行を媒介にして、人為的に無財より発財させたり、無穀より発穀させたりして、潜在的な価値を（人界での）具体的な価値にする、ことである。尊徳は、「欲に随（したが）」（『夜話』[(2)] 3）った「勤労」も認めてい

たと思われる。「分度」とは、次の考え方によるものである。「勤労」によって得た生産物の消費によって我々の生活は保証されるが、その消費に一定の基準を設けて規制し、余剰を作って「推譲」に利用することにより、自らの生活の永安と他者の済度ができる。その時の基準または基準を設けることが「分度」（なお、これは、特に経済面に着目した「分度」）である。「推譲」とは、今日のものを明日に譲ったり、今年のものを来年に譲ったり、またそれらを自分の家族や子孫へ譲ったり（「自譲」）、他（親戚、朋友、郷里、国家、「海外萬國」〈『外記』(3) 25〉、等）へ譲ったり（「他譲」）する行為を意味する。この場合の「もの」とは、金穀などの物質そのものだけでなく、物質がもつ価値とか有用性である「金徳」や「米徳」など、そして人の徳すなわち「人徳」も指す。

「人道」においては、「譲」は肯定され、「奪」は否定される。

それぞれの人・組織が、上記の意味の「勤労」「分度」「推譲」に賛同しそれらを実行して、そのもてる徳（価値、有用性）を「推譲」し合えば、豊かな文化を築ける。

(3) 「富国安民」「興国安民」

尊徳が考える「富国安民」（国を富まし民を安んずる。国家の繁栄と福祉のこと。「興国安民」「治国安民」とほぼ同義。「富国強兵」ではない）とは、具体的には、国内の多くの人々（権力によって支配される人々ではなく、身分等に関係ない誰もというニュアンスが強いと思われる）が協力して、全ての人の安定的な"衣食住を成り立たせる道"を追求し続けることである。

(4) 「一円」

尊徳は、一円を一本の直径で等分し、それぞれの半円に相対するもの・ことを掲げ、片方の半円のもの・ことが成り立つように見る見方を「半円の見」と称した。これに対して、両方の半円のもの・ことが同時に成り立つように見る見方を「一円の見」「全円の見」と称した。両方の半円のもの・ことが同時に成り立ち、一円になることを両全と称した。彼は、両全をよしとした。また、彼は、等分した一円に半回転する動きを加え、半円のもの・ことだけに固執することができないことも示した。

「一円」観は、図7の全ての項目を貫いている。

2．報徳思想・報徳仕法の原理・内在論理
(1) 報徳思想の原理・内在論理

図7の「思想面」のように、報徳思想の内在論理は、まず、「天地不書の経文」の読み取りからの出発で始まる。尊徳は、人間の作った神道・儒学・仏教以前から存在している天地が示すこと（尊徳は、「かゝざる経」〈『三才独楽集』、『全』1、p.882〉、「天地不書の経文（きょうもん）」〈『夜話』45〉等と表現）を、真実で確実なものとして、これを儒学書・仏教書等の古典以前の最も権威ある原典とし、そこから本格的思考を進めている。

「天地不書の経文」を心眼を開いて読み取ると、報徳の必然性の認識が生まれる。

報徳の必然性の認識が生まれたら、ではどのような活動をしたらよいかということになる。その活動は、高次元の「人道」の形成をすることに集約される。

高次元の「人道」とは、具体的には「勤労」「分度」「推譲」である。

多くの人・組織が、上記の意味の「勤労」「分度」「推譲」に賛同し、その活動を行うことにより、自然と「富国安民」「興国安民」（以下、「富国安民」で代表させて使用）に至らしめる。

「富国安民」状態になったら、一国だけの「富国安民」に止めないで、「海外萬国」への「推譲」等もする。

高次元の「人道」の形成、「富国安民」、「海外萬国」への「推譲」等、の全てが、「天地」への報徳という究極の目的に向かう。

「天地」を「萬物の父母」とした場合、その父母は形而上のものであり、実感しがたいと思われる。したがって、誰に何をしたらよいかわかりづらくなる。しかし、尊徳は、具体的には、「勤労」をして価値の生産をしたり、「推譲」をして価値を周囲につなげていったりすれば、つながりを通して「萬物の父母」である「天地」への報徳になるとしたと思われる。

(2) 〔個人〕に対応した報徳仕法の原理・内在論理

図7の「活動面」の上段のように、多くの個人が、「至誠」をもって、「勤労」「分度」「推譲」を行い、「富国安民」に至らしめる。さらに、「海外萬国」への「推譲」等もする。

　「勤労」「分度」「推譲」の活動、「富国安民」、「海外萬国」への「推譲」等、の全てが、「天地」への報徳に向かう。

　「富国安民」状態になり、「海外萬国」への「推譲」等もでき、「天地」への報徳に近づけば、また、「至誠」をもって活動できる者が生まれる。その者が、また「勤労」「分度」「推譲」を実行すると、豊かな社会が拡がっていく。

　これらが、徳の維持体系である。

(3) 〔集団・地方・国家〕という組織に対応した報徳仕法の原理・内在論理の全体像

　組織に対応した報徳仕法の原理・内在論理の全体像は、図7の「活動面」の下図のようになる。報徳仕法を行う者の責任の自覚を前提とし、綿密な調査と「勤労」「分度」「推譲」、「報徳金」の意味に基づく「報徳金」運用、「芋コヂ」会実施を重要な手段・方法としつつ、荒地の開拓と「心田」の開拓の両立をし、この両者がよい意味で相互作用を起こすことを図り、「富国安民」に至らしめる、そして、「海外萬国」への「推譲」等もし、「天地」への報徳という究極の目的に近づく、というものである。

　図7の荒地の開拓と「心田」の開拓内の活動は、荒地の開拓と「心田」の開拓の為の重要な手段である。それぞれの活動には、荒地の開拓と「心田」の開拓のうち、ひとつまたは両方の意味がある。

　荒地の開拓と「心田」の開拓が軌道に乗り、両者がよい意味で相互作用を起こすと、自然と「富国安民」に至り、さらに、自然と「海外萬国」への「推譲」等ができる余裕が生まれる。

　荒地の開拓と「心田」の開拓の諸活動、「富国安民」、「海外萬国」への「推譲」等、の全てが、「天地」への報徳とつながっている。「富国安民」状態になり、「海外萬国」への「推譲」等もでき、「天地」への報徳に近づけば、また、責任の自覚がある報徳仕法を行う者が生まれる。その者が、また報徳仕法を進

めると、豊かな社会が拡がっていく。これらが、徳の維持体系である。

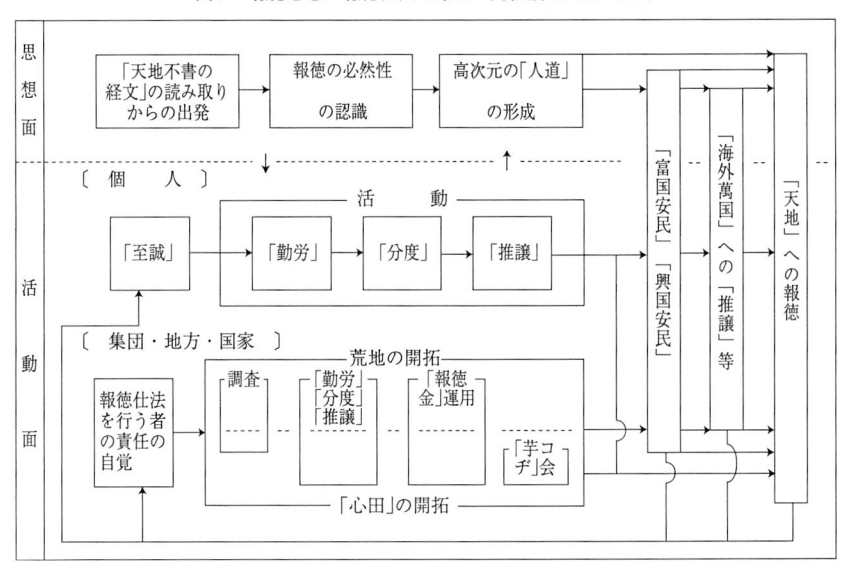

図7　報徳思想・報徳仕法の原理・内在論理（前田作成）

Ⅲ．報徳思想・報徳仕法の原理・内在論理からの現代社会の創造への示唆

　ともすれば、方向性を見失いがちな現代社会において、私たちは、「勤労」「分度」「推譲」という、人間がとるべき基本的な活動をしていくことの確認をする必要があろう。また、時におろそかにされがちな「心田」の開拓も含め、荒地の開拓と「心田」の開拓の両立が行われている社会の状態にしていく必要があろう。

　また、「富国安民」のように、福祉が充実した安民状態の確立・維持に努力し、ひいては、「海外萬国」への「推譲」（「推譲」するものは、徳が伴ったものを想定しており、金穀だけに限らない）ができることが望まれる。

　こうして、一国家だけでなく、広い範囲で徳の維持体系の確立ができると、人間社会は、自然と繋がっていけると思われる。

報徳思想・報徳仕法の原理・内在論理を、これからの社会に生かしていく際には、個人レベルでも、社会レベルでも、有効に活用するための徳を開発し発展・深化させる文脈から、人間の一生における教育・学習を促したり、教育・学習を充実させたりすることが重要になってくるであろう。

　　　　　　　［注］
(1) 佐々井信太郎編（昭和7年）『二宮尊徳全集』第1巻（原理）、二宮尊徳偉業宣揚会。
(2) 福住正兄『二宮翁夜話』、奈良本辰也校注（昭和48年）『二宮尊徳　大原幽学』（日本思想大系52）、岩波書店、所収。
(3) 斎藤高行『報徳外記』、佐々井信太郎編（昭和6年）『二宮尊徳全集』第36巻（別輯　門人集）、二宮尊徳偉業宣揚会、所収。

　　　　　［引用・参考の文献］
(1) 拙稿（平成14年3月）「二宮尊徳の報徳思想・報徳仕法の内在論理と近代日本における報徳社によるその継承」、淑徳大学社会学部『淑徳大学社会学部研究紀要』第36号
(2) 拙稿（平成18年3月）「二宮尊徳の報徳思想・報徳仕法の原理・内在論理の現代的応用・活用の検討」、『報徳学』第3号、国際二宮尊徳思想学会。
(3) 拙稿（平成19年3月）「報徳教育・学習（学）構築に向けての試論(1)―報徳思想・報徳仕法における道徳の構造―」、『報徳学』第4号、国際二宮尊徳思想学会。
(4) 拙稿（平成20年3月）「報徳教育・学習（学）構築に向けての試論(2)―報徳教育・学習（学）の概要―」、『報徳学』第5号、国際二宮尊徳思想学会。

★考えてみよう
　①現代社会の状況は、報徳思想・報徳仕法の原理・内在論理による社会の状況と、違いがあるのかないのか考えてみよう。
　②①で違いがあると考えたら、なぜそのような違いが生じるのか考えてみよう。

★読んでみよう
　①児玉幸多責任編集（昭和59年）『二宮尊徳』中央公論社・中公ブックス・日本の名著26。

第13章

未来志向の生涯学習
―個人からの視点―

> これからの生涯学習は、未来志向で進むことが望まれます。未来志向の生涯学習を目指すにあたって何が必要になってくるのか、考えていきましょう。ここでは、個人からの視点でそれを捉えてみます。

Ⅰ．生きること

1．問題

　わが国では、近年次のような声を聞くことがある。生きることの目的・意味がわからない。この社会で生きていると疲れる。生きる意欲がわかない。自分のことで精一杯である。

　現在、自殺者数・自殺率からみても、わが国の状況は決してよい状況とは言えない。まず、わが国における年間の自殺者数は、平成10年を境に急増して3万人以上（それまでは約2〜2.5万人程度）となり、それ以降14年連続3万人を超えた。また、WHOが世界各国から集め公表している自殺統計の2007年11月時点のものでも、人口10万人あたりの自殺率は、日本はリトアニア、ベラルーシ、ロシア、ハンガリーなどに次いで世界第9位である。欧米先進国と比較すると、世界第1位である。国内の混乱が続く体制移行の国々に次いで高いことは、着目に値する。

　もしも、上述のような気持ちに囚われる人が圧倒的に多かったら、生涯教育・学習がめざすところの、個々人が生きがいのある人生を送るとか、社会をよくするとか、学習社会を構築するなどとはほど遠い話となろう。また、本書の意

図からもほど遠い状態にもなる。

2．論理的には、全ての人の人生全体に対する一般的・普遍的な目的・意味を見い出すことはできない

　全ての人の人生全体に対する一般的・普遍的な目的・意味はあるのか、という問いに対して、答えを出すべく、過去に多くの人が考え抜こうとしてきた。

　しかし、次のような理由で、そもそも論理的には、その答えは出せないと思われる。人間が生きることの目的・意味というものは、人間の長い歴史の中で、その時々に、形而下的な人々の生の欲求に照らし合わせる形で考えられ作られてきた。目的・意味が作られたことが集積された結果、目的・意味という観念自体に、次第に自立した一般性・普遍性があるかのように捉える人も出てきた。しかし、これらの状況は、いずれも形而下的な状況である。形而下的なものを、全ての人にあてはまる一般的・普遍的なものとするには無理がある。

3．人間の「生の二重性」ゆえに、人間には生きる本能等がある

　生きることの目的・意味がわからない状態に陥っている人であれ、そのようなことをほとんど感じずに生きる意欲が旺盛である人であれ、生きていれば、既に生きる本能等があるのである。

　小浜逸郎（以下、小浜と略称）は、「生の二重性」という言葉を用いて、人が自分の生に対してとっている二重の態度を、次のように説明している。

> 「人間は一般に、自分の生に対して、次のような二重の態度をとっている。
> 　一方では、たえず自分の生全体の意味や目的に対する疑いの意識を抱えていて、果たして自分は何の為に生きているのだろうとか、どうせ死んでしまうのであれば、この世で何かをなしたとしても所詮はかないのではないかとか、この広大な宇宙に比べれば自分の存在など一片のちりにも及ばないといった自問や慨嘆を潜在的に繰り返している。だが他方では、そういう問いを四六時中自分に突きつけているわけではなく、自分がいま具体的にはめ込まれている関係や状況の中で必要と感じられる諸事に意識を指し向け、それらの諸事が構成する物語の中に身を投じ、そこで日常的に心身を使い、時にはあることに盲目的

に情熱を注いだりしている。この二重性のそれぞれの側面は、必ずしも明確に時間によって区切られて順次交代で顔を出すというのではなく、むしろまさに常に二重性として生きられているのだ。」[1]

さらに、小浜は同書で、「生の二重性」は、逃れることができないもので、それを自覚し、生きる本能等により、ともかくも生きざるを得ないとし、次のように言う。

> 「こうした二重の意識の構造から人間は逃れることができない事実を自覚することが大事なのだ。人生全体にあるたしかな意味や目的を確定できなくとも、人は生きる本能と意志と情熱によってともかくも生きざるを得ないのである。」[2]

人は、時に生きることの目的・意味がわからない状態に陥ったとしても、同時に小浜の言う「生の二重性」により、日常的に心身を使うことが必ずあるのである。この「生の二重性」の後者のことに、生涯教育・学習が関わる余地があると思われる。また、後者のことに生涯教育・学習が大きく関わっていければ、生きることの目的・意味がわからないという状態も、生涯教育・学習で克服することができていけると考えられる。

4．自分の生きる意欲を支える一般的な原理はある

前述のように、論理的には、全ての人の人生全体に対する一般的・普遍的な目的・意味を見い出すことはできないと思われる。

しかし、「自分の生きる意欲を支える一般的な原理はあるのか？」と問い方を変えれば、解答は出しうる。例えば、愛、勝利、社会的承認、自己実現、自利と利他の両立、などは、原理になるであろう。実際的には、複数の原理が絡まって生きる意欲を支えているのであろう。

P.ラングランの「生涯教育」論の中に、一人ひとりの人が、「自分を表現する可能性を増すこと」の意味を述べた箇所（第Ⅰ部—4章参照）、「人間の尊厳」について述べた箇所（第Ⅰ部—5章参照）、等があった。また、ハッチンスの「学習社会」論にも、「人間的になる」ことについて述べた箇所（第Ⅰ部—6章参照）

があった。これらも、自分の生きる意欲を支える一般的な原理となるものであろう。

5．生きる意欲と関連して

近年、街中で見知らぬ大衆をナイフで殺傷する人が出てきた。生きる意欲を支えることを、人を殺すこと、殺すことで着目を浴びること、などにしている人もいる。

コンラート・ツァハリアス・ローレンツ（Konrad Zacharias Lorenz, 1903～1989 オーストリア）は、仲間に対するオオカミの攻撃行動の「儀式化」において、同種の仲間に対し殺傷を禁じる攻撃抑制のメカニズムがあることを例証した。そして、多くの動物に、それが備わっているとした。また、ヒトという生き物だけがそうした「自然の知恵」を忘れた、とした。

人を殺してはならない理由を、小浜は、次のように述べている。

> 「『なぜ人を殺してはならないか』という問いに対して、すぐに『自分が壊れるから』とか『親しい人が殺されたら君も怒ったり悲しんだりするだろう』という答えを出してみせるのは、一見説得力がありそうにみえる。しかしこれらは、じつは個人のなかにあらかじめ形成された道徳感情や私的愛情に訴えた主情主義的なその場しのぎの答えであって、道徳感情の由来そのものにまでさかのぼった根底的な回答ではない。……
>
> 倫理道徳とは、共同体の秩序の形而上的な表現にすぎない。このことは歴史上、一貫して変わったためしがない。『なぜ人を殺してはいけないのか』―あえてこの問いに答えるなら、『それ（人を殺すこと―引用者注）を無限に放置すると、社会関係が崩壊するからだ』というのが唯一の答えである。」[3]

Ⅱ．労働すること

ハッチンスは、「学習社会」論（第Ⅰ部－6章参照）において、労働が無い余暇社会が到来するという前提のもとに、余暇社会における「学習社会」（"労働が無い余暇社会の到来→学習社会の建設"の図式）を設定した。労働が無いことに対す

るハッチンス自身によるよし・あしの判断は論稿からではわかりづらいが、論稿全体として、労働が無いことに対して否定的ではないように思われる。少なくとも、労働が無い上での「学習社会」（個人レベルでは、学習）を想定している。

しかし、筆者は、労働が無いことになるのには否定的である。

小浜は、「人間は根源的に共同性からの承認を求める存在」で、「社会へ向かっての労働の投与は、この承認欲求を満たす条件を最も一般的なかたちで備えている。遊んで暮らせるようでも、やはり人は働くことをやめない方がよい。」としている[4]。

また、小浜は、「十分な財力があったら、人は働かないか」という仮定を立てたうえで、それでも人は、関係や生きがい、刺激を求め働き続ける、とする[5]。人間関係を形成し、将来に対する視野を広げ、アイデンティティを承認されるための必須条件として労働という「食っていくための手段」を超えた人間の生における労働の意味を検証している。

小浜は同書において、労働の意義に関して、「労働の意義を根拠づけているのは、私たち人間が、本質的に社会的な存在であるという事実そのものである」（p.114）とする。また、労働においては、「他者の承認の声の受け止めによる自己承認」（p.125）という原理が働いていると言う。そして、労働に次の3つの意味が含まれていると整理している。

(1) 「私たちの労働による生産物やサービス行動が、単に私たち自身に向かって投与されたものではなく、同時に必ず、『だれか他の人のためのもの』という規定を帯びる」（p.114）こと。
(2) 「そもそもある労働が可能となる為に、人は、他人の生産物やサービスを必要とする」（p.116）こと。
(3) 「労働こそまさに、社会的な人間関係それ自体を形成する基礎的な媒体になっている」（p.116）こと。

そして、小浜は、ヘーゲルの次のような考え方を紹介している。

「各人が自分の欲求を満たすという主観的な動機にもとづいて行った労働の投

与が、全体としては、たがいに他人の欲求をも満たす相互依存の生産機構という『共同の財産』を作り出す結果となる。もしそういう共同の財産のネットワークが市民社会にきちんと整っているなら、それによって、だれもが自分の労働を通じて社会から一人前であるとして承認され、慈善や憐憫（れんびん。あわれむこと―引用者注）に頼るような奴隷的なあり方とは違った、人間的な自立と自由とを実感することができるのだ、……」(p.122)

そして、「働くことは、人間が、人間でありうることの条件の意味をもっている。なぜなら、……、人間社会においては、自分の欲求を満たすための自発的な行為は、自他に対して『表現的』であり、ただちに関係的、共同的な『意味』をもったものとして他者の生のあり方に反映し、さらにその他者の生のあり方がまた、みずからの生のあり方を規定するものとして還ってくるというように、不断の相互連関の過程におかれているからである。」(p.124) とまとめている。

前述の二宮尊徳が、自己の「勤労」から始まり他者への「推譲」をすることを、義務では無く必然の「人道」としたのも、人間が社会的な存在であり、「勤労」等に社会的意味があることに対する考察があったからと思われる。

労働をめぐって、労働条件への不満、労苦、金銭獲得だけの労働のむなしさ、等様々な状況はあるが、これらはその場その場での主情的感情（そうした感情を社会が作り出している場合もあるが）であり、人が労働することそのものを否定する材料にはならない。上記の、小浜、ヘーゲル、二宮尊徳の思索は、妥当であると考えられる。

筆者はさらに進んで、労働は、条件に不満が伴うような労働、苦を伴う労働、ただ金銭を獲得する為だけの労働、等のような負の要素を持った付随的・限定的な労働を指すのでない限り、後述の学習と同様、労働は人間の根源的なものであると考える。人間の三大欲求のひとつの「食欲」を満たす為の労働等は人類が誕生した時からあったと考えられる。この意味では、小浜の「他者の承認の声の受け止めによる自己承認」という概念を出すまでもないと考える。労働は、生きている人間である限り、強制なしに自然と発生し行われるものと考え

る。

　筆者は、労働は、人間社会における必要条件と考える。ハッチンスにおける"労働が無い余暇社会の到来→学習社会の建設"の図式は、社会を築く必要条件である労働を軽視した上での社会の建設という図式になっており、この意味では不自然であると考える。ただし、このように考えることは、ハッチンスの「学習社会」論の主張全体を否定することではない。

Ⅲ．学習すること

　ハッチンスは、「学習社会」論において、「人間は本性として、生涯にわたり学習を続けることができるはずである。」とし、学習を人間の根源的な行為とした。

　筆者も、学習は、人間にもとから備わっている本性とも言うべき根源的な行為と考える。人類は、記憶、学習、予測、思考、言語、問題解決など、高次認知機能を果たすことのできる脳機能をもって誕生した時点で、既に学習とは切り離せない存在なのである。

　学習は、人間の根源的な行為で、人間から消すことはできない。人間には、生きている限り、学習が伴う。

　学習にも、独りよがりの学習でない限り、労働と同様に、小浜が言う人間社会における他者との「不断の相互連関」が起こる。

Ⅳ．労働することと学習すること

　労働することと学習することとの関係を言えば、労働と学習は、どちらも人間の根源的な行為であり、お互いを排除したり、お互いに対立したりするものでもないと考える。労働が忙しくて学習に時間が取れないとか、学習しているから労働は休止するとか、学習をあまりしなくても労働はできるという類の主張はあっても、これらは、労働、学習の根源性やそれらの関係を否定すること

にはならない。

　労働することが、教育されること、学習すること・させられること（ここでは、教育されることと学習させられることを、ほぼ同義に使用）の意味を伴っていたり、教育されること、学習すること・させられることが、労働につながることはよくある。また、我々は、学習により労働が磨かれたり、労働により学習が進んだりすることは、日常的に体験することである。OECDの「リカレント」教育論においては、教育と労働・余暇・隠退という他の諸活動との相互作用の重要性を強調していることからわかるように、教育と労働の重要な関係を認識している。

　以上のような文脈から、筆者は、労働と教育・学習の関係に関しては、ハッチンスの労働か学習かの論調ではなく、OECDの労働も教育もの論調の方が、より適切であると考える。

　よりよい労働や学習の追求も、前述の自分の生きる意欲を支える一般的な原理になりうると思われる。

V．ボランティアをすること、さらに「ボランタリー・アクション」や「ボランタリー・アソシエーション」へ

　わが国においては、ボランティアと言っても、完全な私的意思から進むボランティアばかりでなく、行政が呼びかけている場合も多い。しかし、ボランティアを行政が呼びかけたとしても、それが呼び水となって、ボランティアの輪が広がっていったり、ボランティアの深化が進んだりすれば、行政が呼びかけることにも大きな意味がある。

　ここでは、現在におけるボランティア活動の促進というレベルからより進んで、「ボランタリー・アソシエーション」の考え方を検討することにより、ボランティアが相当進んだ状況を想像してみる。そして、「ボランタリー・アソシエーション」のような社会が可能か否かを考えてみたい。

　「ボランタリー・アソシエーション」は、社会の状態を示す為、第Ⅱ部－14

章の「未来志向の学習―社会からの視点―」で取り上げるのが適切かもしれない。しかし、「ボランタリー・アソシエーション」の前提となる行為である「ボランタリー・アクション」が、多分に個人的要素をもっているので、本章の「未来志向の学習―個人からの視点―」で取り上げることにする。

「ボランタリー・アソシエーション」の考え方を検討する前に、「アソシエーション」の概念をみてみる。「アソシエーション」とは、R.M.マッキーバー（R.M.MacIver, 1882〜1970　アメリカ　社会学者）によると、「社会的存在がある共同の関心〔利害〕または諸関心を追求するための組織体（あるいは〈組織される〉社会的存在の一団）」[6]のことである。

「アソシエーション」は、「結社」「連合」「協同」と訳される。その思想は、フランスにおける『人および市民の権利宣言』（1789年8月26日。いわゆる人権宣言）にまで遡れるとも言われる。

松尾匡は、「アソシエーション」を、表5のように位置づけ、以下のように説明している[7]。

表5　松尾匡によるアソシエーションの位置づけ

	共同決定社会	疎外社会
開放社会	アソシエーション	市場
閉鎖社会	ゲマインシャフト	ヒエラルキー

「ゲマインシャフト」は、家族や昔のムラ共同体や血縁共同体などであり、基本的に疎外なき対等な合意によって運営されるが、しかし閉鎖的であり個人が埋没している。「ヒエラルキー」は、上位者に下位者が人格的に従属することで集団が運営されるシステムである。軍隊を極とする行政権力機構が典型である。「市場」というのは、自立した対等な諸個人のわけへだてない取引きで成り立つシステムであるが、人間のコントロールできない需給法則などに強制される疎外社会である。以上の3システムは現存社会に様々な混合比で存在してきた。

「アソシエーション」は、「ゲマインシャフト」と異なり、自立した個人の開放的関係という点では「市場」と同じだが、「市場」と異なり、人々の意識的合意で人間関係をコントロールする点では「ゲマインシャフト」と同じ共同決定体である。このシステムは、現実にはまだマイナーであり、それが見られるNPOや協同組合などの事業体も、不断に他の既存の3システムやその混合へと変質してしまう傾向を持つ。

それゆえこれらの事業体を通じて「アソシエーション」がメジャーな社会を目指す際には、開放社会を重視して市場の力を利用する「市民社会論的アプローチ」と、小さな「ゲマインシャフト」的集団から合意形成を重視して始める「コミュニタリアン的アプローチ」の2つの立場が生じることになる。

川口清史は、「アソシエーション」を構成する人間像について、次のような趣旨のことを指摘する[8]。

市場を構成する人間像は、自立した、効率的に自己利益を追求する個人として想定される。「アソシエーション」を構成する人間像は、それとまったく相反する利他的で公共性を追求する個人と考えられがちだが、そうではない。とりわけ「アソシエーション」の構成要因であるボランティアやボランタリーという言葉に、利他主義や無私性を求める傾向がある。そうである限り、「アソシエーション」は、限定されたもの、或いはごく長期的展望の中にしかありえないものになる。自己利益を追求することは、ある意味で古い共同体からの脱皮の条件でもある。古い共同体では、個人の利益は求められず共同体の利益を追求することで個人が守られた。人格的独立や自由の基礎は、自己利益を追求することから始まる。「市場」において、自己利益が、競争によって他者の利益を無視し、或いは衝突しながら追求されるのに対し、「アソシエーション」は、他者の利益を尊重し、公共性の追求の中に自己利益の実現を図る為の組織である。

このように、川口は、「アソシエーション」において、構成要因としてボランティアやボランタリーをみているが、利他主義や無私性については否定的であり、他者の利益も自己利益も重視している。

佐藤慶幸（以下、佐藤と略称）は、「ヴォランタリズム」（以下、佐藤の「ヴォランタリズム」の表記を、ボランタリズムと表記）を基礎として、「アソシエーション」が形成される側面を強調する。したがって、佐藤はあえて「ヴォランタリー・アソシエーション」と呼ぶ（以下、佐藤の「ヴォランタリー・アソシエーション」の表記を、「ボランタリー・アソシエーション」と表記）。

佐藤は、「ボランタリー・アソシエーション」に関して、「既存の社会システムの集合的なメンバーでありながら、それから自律してその社会システムを補完あるいは変革する機能を果たす」とする。しかも、「アソシエーション」は、伝統的な共同体と「本質的に異なる」ばかりでなく「鋭く対立する」とする[9]。

「ボランタリー・アソシエーション」の前提となる行為としての「ボランタリー・アクション」について、佐藤は、「精神的報酬および／またより大きな目標へのコミットメントに動機づけられて、かつ自由な意思決定に基づいて―すなわち、第一次的に単なる直積的な経済的利益、自己維持、物理的強制力、生理的欲求、精神的ないし社会的強制には基づかないで―なされる個人的および集合的な行動」[10]のように規定している。この「ボランタリー・アクション」の集合的表現が、「ボランタリー・アソシエーション」という組織化された概念となる。

「ボランタリー・アソシエーション」の基本的要件として、佐藤は、次のように述べている。「アソシエーション」を構成するメンバーの特質として、①自由意志に基づく選択による参加と活動、②無報酬、③パートタイム的参加、④限定的関心、があり、「アソシエーション」自体の要件として、①非営利的、②没あるいは反権力的、③自律的、④目標の限定性、⑤組織活動の完結性と非形式化の傾向、⑥理念的価値、がある[11]。

では、「ボランタリー・アソシエーション」の観点に立った時、現実の社会は、どのような状況になることが想定できるであろうか。以下に、いくつかの状況について想定してみよう。

(1) 国境を越えた社会全体の状況

国家機構があるにせよ、無いにせよ、枠を作ってその内側の利益優先の考え

方・活動をすることは、よい価値とされない。
(2) 国家の状況
　国家自体も、「ボランタリー・アクション」をとるようになる。国家を経営していく時の基準として、ボランタリーな考え方から、組織を形成していくということが、重要視される。
　地域社会は、古い共同体によるのではなく、自発性に基づいた自己決定権をもった「アソシエーション」によって再構成される。使命をもって活動する使命アソシエーションも現われる。
(3) 企業等の組織の状況
　企業は、利益アソシエーションと使命アソシエーションの両方の側面をもつようになる。従業員は、利益追求だけでなく、公共性の意識をもって社会参加をするようになる。企業の社会的責任が問われ、企業市民を求める動きも出てくるであろう。
(4) 個人の状況
　経済的利益の為に何かの活動をするのではなく、精神的報酬が重要な活動の基準となる。また、他者の利益と自己利益が、同時に成り立つことを理想とする。

　今後、現在わが国で行われているボランティアの諸相を表面的に捉えるのではなく、ボランティアが進んだ時に想定される社会の状況としての「ボランタリー・アソシエーション」による社会の状況が可能か否かを考える必要があると思われる。
　「ボランタリー・アソシエーション」は、現実に機能してきた伝統的なムラ共同体や地縁共同体等を乗り越えようとする発想でもあるので、容易に実現するとは考えにくいであろう。また、現実的な観点から、経済的安定が保証されずに「ボランタリー・アクション」だけで、個々人が生き社会が成り立つことができるのかという疑問も生じるであろう。
　しかし、政治、経済が、力を持ち続けている現代社会に何か足りないものが

あるのか考えた時に、追求する価値がある発想と思われる。また、今私たちが行っている生涯教育・学習は、何の為の生涯教育・学習なのかという疑問に対する1つの示唆を与えてくれるかもしれない。

[注]
(1)(2) 小浜逸郎（平成13年）『死の準備』洋泉社・洋泉社新書。
(3) 小浜逸郎（平成11年）『これからの幸福論』時事通信社。
(4) 小浜逸郎（平成14年）「人はなぜ働くのか」、広報誌『経』2002年1月号。
(5) 小浜逸郎（平成14年）『人はなぜ働かなくてはならないのか　新しい生の哲学の為に』洋泉社・洋泉社新書。
(6) R.M.マッキーバー・中久郎・松本通晴監訳（昭和50年・原著は大正6年）『コミュニティ』ミネルヴァ書房、p.46。
(7) URL http://www.std.mii.kurume-u.ac.jp/~tadasu/yougo_aso.html（平成20年9月1日）。
(8) URL hhttp://www.co-op.or.jp/ccij/kankobutu（平成20年9月1日）。
(9) 佐藤慶幸（平成6年）「アソシエーションの社会学―行為論の展開―」早稲田大学出版部。
(10) 佐藤慶幸「ヴォランタリズムとアソシエーション」、安田三郎他編（昭和56年）『基礎社会学　第Ⅲ巻　社会集団』東洋経済新報社、p.204。
(11) 前掲、佐藤慶幸「ヴォランタリズムとアソシエーション」p.208。

第14章
未来志向の生涯学習
―社会からの視点―

> これからの生涯学習は、未来志向で進むことが望まれます。未来志向の生涯学習を目指すにあたって何が必要になってくるのか、考えていきましょう。ここでは、社会からの視点でそれを捉えてみます。

Ⅰ．ネットワーク社会は可能か

1．ネットワークとその特徴

　ネットワークとは、もともと、グラフ理論で用いられている概念で、いくつかの点とそれらを結ぶいくつかの枝からなる接続構造をもち、かつその上の各点或いは各枝に一定の容量が付与されたものである。
　坂本登は、ネットワークの特徴をハイアラキーと比較して、表6のようにま

表6　ネットワークの特徴

	ヨコ型組織（ネットワーク型）	タテ型組織（ハイアラキー型）
価値観	異質性を積極的に容認	同質性・画一性が高い
組織の中心	無または相当数	中心ないし最上位に一つ
組織の構成	多数、無限の可能性も	複数以上
組織、関係の変更	柔軟性が高い	柔軟性低く手続きが複雑
拘束性	短期的、開放性があり弱い	長期的、持続的で強い
権限	水平的、流動的	階層的、役割が固定的
発意	構成組織ごとの独創性	中心ないし最上位の指示
有効な活動方法	交換活動、共同活動	上意下達方式
活動の展開	異種性、多時性	同一性、同時性

〔典拠〕　坂本登（平成5年）「生涯学習ネットワーク」、伊藤俊夫・山本恒夫編著『生涯学習の方法』第一法規出版、p.105。

とめている。

　ハイアラキー型は、戦中のわが国の行政機構の記憶もあり、必ずしも多くの人に好意的に受け入れられているわけではない。現在のわが国の行政機構は、縦割りの特徴をもっている為、ハイアラキー型と全く無関係と言い切ることは難しいと思われる。

　中央省庁等改革基本法（平成10年法律第103号）に基づいて、平成13年1月6日に、縦割りによる弊害をなくし、内閣機能の強化、事務及び事業の減量、効率化する事等を目的に施行された、中央省庁の再編統合に伴う名称変更を行ったいわゆる中央省庁再編（正式な表記は「中央省庁等改革」）の前後には、ネットワーク型を唱える人もいた。しかし、結果的に、省庁は表6のような特徴を備えたネットワーク型には近づかなかった。

　社会的なネットワークには、組織間ネットワークと個人間ネットワークがある。大西麗衣子は、これらの特徴を以下のように説明している[1]。組織間ネットワークの特色として、⑴ネットワークに参加している組織は、一定の独立性を保ちつつ、一定の関係づけのなかで相互に依存していること、⑵組織の異質性を許すこと、⑶組織間の関係は硬直的ではなく、柔軟でダイナミックであること、⑷組織間では、何らかの資源交換が行われていること、⑸組織間で行われる相互作用は、互恵的であること、がある。また、個人間ネットワークの特色として、⑴個人のネットワークへの参加や脱退は、自由であること、⑵個人の独立性や個性を尊重しながら、他の参加者との連帯や全体への貢献を行うこと、⑶参加者間での権限と責任は分散しており、情報が横に伝わること、⑷全ての参加者はネットワークの構成員であるばかりでなく、参加者間をつなぐ存在であることを自覚する必要があること、がある。

2．生涯学習支援ネットワーク

　生涯学習の分野に限って言えば、以下のような生涯学習支援ネットワークを個別に構築していくことも可能であろう。

　⑴　学習情報のネットワーク

(2) 生涯学習関係機関・施設等のネットワーク
(3) 生涯学習機会等提供のネットワーク
(4) 生涯教育指導者のネットワーク
(5) 学習者のネットワーク
(6) 官民ネットワーク

このうち、生涯学習機会等提供のネットワークに使用しうる学習の資源としては、以下のような資源が考えられる。

①人的資源：指導者（講師・助言者等）、学習相談員、学習ボランティア、学習仲間、等。

②物的資源：生涯学習機関・施設、設備、機材・器材、経費、教材・教具、等。また、それらを確保して利用するための経費も含まれる。

③文化的資源：知識、情報。学習資源としての文化的資源としては、学習内容に関する内容情報、学習案内に関する案内情報等。

大西麗衣子は、山本恒夫の論を参考にして、学習機会等提供のネットワークの段階的な構築について述べている。

> 「まず、第一段階は、構成要素、学習資源がともに同種類のネットワークである。例えば、図書館間でネットワークを構築して図書の交換を行う場合が挙げられる。
> 　第二段階は、構成要素は異種類であり、学習資源が同種類のネットワークである。第二段階のネットワークとしては、公民館、生涯学習推進センター間でネットワークを構築し、何らかの行事を行う際にはそれぞれの職員が手伝いに行くという場合が挙げられる。
> 　第三段階は、構成要素は同種類、学習資源が異種類のネットワークである。例えば、生涯学習推進センター間のネットワークにおいて、あるセンターからは施設・設備が提供され、あるセンターからは講師が提供されるような場合が挙げられる。
> 　そして第四段階は、構成要素、学習資源がともに異種類のネットワークである。公民館や図書館、民間の生涯学習関係機関間でネットワークを構築し、あるところは教材・教具を、あるところは施設・設備を提供するような場合が挙げられる。

教育委員会や首長部局の各部課局・施設や、民間の生涯学習関係機関等が参加して行われている出前講座も、この第四段階のネットワークを構築して行われている学習機会等提供事業と考えることができるであろう。」[2]

　生涯学習支援ネットワークを構築・運用する際には、以下のような問題を考慮する必要がある。
①生涯学習関係機関・施設等のたてわりの状況や上下関係をどうするか
　　現実の問題として、まだ生涯学習関係機関・施設等は、ネットワークが進む為の条件でもある横並びに完全になっているという状態ではない。見えにくいものだけでも、本省と出先、指示・命令系統、国立・県立・市立・町立等間の境、自治体ごとの境、勤務者の役職上のランク、補助金等の流れの向き、等多数のネットワークが進みにくい要素がある。こうした要素と横につながることとをどう調整するかという問題は残されている。
②生涯学習関係機関・施設等のレゾンデートルからの問題
　　図書館、博物館、公民館、等の生涯学習関係機関・施設は、生涯学習関係として共通することは多いが、それぞれにレゾンデートル（存在理由）をもって成り立ち、それぞれに協会等の組織や大会、等もあり別個に様々な運営を考えている。
　　また、各々の生涯学習関係機関・施設等からみても、業務上ネットワークを組みたい相手は自ずと相違が出てくるであろう。
③学習資源の等価性・不等価性の問題
　　学習資源の貸し借りの場面において、学習資源が同質のものである場合の交換の原則や計算の仕方、同質のものと考えにくいものの交換の条件や計算の仕方、等を考える必要がある。
④学習資源の互恵性・互酬性を要求しない場合の問題
　　学習資源の貸し借りの場面において、学習資源の互恵性・互酬性を要求しない場合も考えられる。また、補助金付の学習資源の貸し借りをどうするか等の問題もある。

⑤調整機関・調整役

　ネットワークに関わる生涯学習関係機関・施設、学習資源、等を、動かす為の調整機関・調整役を確立する必要がある。

　今後、図書館、博物館、美術館、視聴覚センター、等の生涯学習関係施設等が、ネットワークを組んで、ひとつのテーマの下に、資料を持ち寄り、人々に提供することなどが盛んになれば人々の学習も豊かになるであろう。しかし、そうしたやり方は、時間的にも労力的にも職員の負担は大きいであろう。ネットワークの発想をより発展させて、今までに無い複合型の生涯学習関係施設（第Ⅱ部－3章で前述）を新たに創造していくことも考えられよう。

3．より大きな観点におけるネットワーク

　生涯学習の支援という観点からは、ネットワークは、ある程度有効であろうが、国家機構、自治体というレベルになってくると、全てネットワークで運営できるとは限らない。

　ネットワークにも、長所・短所があり、ハイアラキーにも、長所・短所がある。この先の社会は、ネットワークとハイアラキーのバランスや、両者の健全な共存などを、私たちが創造していく必要があるのであろう。

Ⅱ．これまでの仕組み、システムを超えねばならない大きな問題を生涯学習で

1．現代的課題とは

　平成4年7月、生涯学習審議会答申「今後の社会の動向に対応した生涯学習の振興方策について」において、現代的課題という考え方が示された。

　それによると、現代的課題とは、「社会の急激な変化に対応し、人間性豊かな生活を営む為に、人々が学習する必要のある課題」である。同答申は、具体例として、生命、健康、人権、豊かな人間性、家庭・家族、消費者問題、地域の連帯、まちづくり、交通問題、高齢化社会、男女共同参画社会、科学技術、

情報の活用、知的所有権、国際理解、国際貢献・開発援助、人口・食糧、環境、資源・エネルギー等を挙げている。

同答申は、私たちの学習への関心に関する状況として、次のことを指摘している。「比較的自分と空間的・時間的に遠い問題には、余り関心を示さない傾向」、「多くの人々が地域社会や国際社会の一員としての生き方を追求し、その学習成果を社会に還元しようとする視点を持って学習しているわけではない」、「学習している人は、……学習していない人との認識の差が広がる傾向」。また、学習機会の現状に関して、次のことを指摘している。「学級・講座の学習内容についての全体的な傾向を見ると、一般的な教養・情操関係やレクリエーション関係などのものが多」い。

２．大きな現実的問題に対する生涯教育・学習

⑴　大きな現実的問題に対する生涯教育・学習の重要性

上記の現代的課題で指摘された具体例に限らず、私たちが、国境は関係なく未来において乗り越えなければならない大きな現実的問題が生じる可能性がある。その中には、予測しにくい問題もあるであろう。

大きな現実的問題が、特に私たちの生命を直接的に脅かすような問題であり、あらかじめ多少の予測が付くような問題であれば、人類全体で乗り越える必要がある。

大きな現実的問題で、予測されているものは多い。ヒトからヒトへ感染する鳥インフルエンザ、惑星接近、地球温暖化、など。これらは、国境を越えるものであり、各国の思惑に則ったり立場の違いを強調したりすることを廃して、地球規模での協力をし賢明な行動を選択する必要がある。また、自国の政府や行政まかせではない個々人の学習・行動も重要になってくるであろう。

⑵　地球環境問題

ここでは、大きな現実的問題のうち地球環境問題を取り上げてみる。その問題の本質を、生命倫理学・環境倫理学・応用倫理学を専門とする加藤尚武（以下、加藤と略称）の論に依拠して考察してみる。

加藤は、地球環境問題に対して、環境倫理学の立場から論じている。加藤の論を、加藤（平成3年）『環境倫理学のすすめ』丸善ライブラリー、からまとめてみよう。
　まず、加藤は、環境倫理学の基本的な主張を、以下の①〜③の3つに整理し示している（pp.1〜12）。要点をまとめてみる。
①自然の生存権の問題
　　これは、人間だけでなく、生物の種、生態系、景観などにも生存の権利があるので、勝手にそれを否定してはならない、とするものである。
　　自然物に生存権がないとすると、人間の生存を守るという理由により、結局は自然破壊が正当化されてしまう。人間には他の生物よりも生存の優先権があるという人間優先主義を否定しなければいけない。
　　人間以外のものに、「権利」という概念を拡大することには、さまざまな問題（見解か──引用者注）がある。特権的な自由人にだけ権利が認められるというギリシャ型の民主主義以来、歴史の基本的な傾向が権利の拡大であったとすれば、その権利が人間を超えて自然の生物にも拡大されるべきだという主張がある。これに対して、人間のなかで権利を拡張してきたことと、人間から自然物に権利が拡大されることは全然べつのことだという反論がある。
　　また、生命倫理学（bioethics）の方面からは、実質的に権利の縮小にあたるものが提起されている。脳死者、植物状態の患者、胎児、新生児、アルツハイマー病の患者、昏睡状態にある人などの生存権や自己決定権の縮小を正当化する営みがなされている。
　　生存の権利とは何かという問題は、きっと環境問題の国際的な規準を作る段階でも問題になるだろう。
②世代間倫理の問題
　　これは、現在世代は、未来世代の生存可能性に対して責任がある、とするものである。
　　環境を破壊し、資源を枯渇させるという行為は、現在世代が加害者で未来世代が被害者という構造にある。環境破壊も資源枯渇も、現在世代による未

来世代の生存可能性の破壊であり、最も悪質な犯罪である。

　民主主義は、共時的な決定システムである。民主主義的な決定方式は、異なる世代間にまたがるエゴイズムをチェックするシステムとしては機能しない。近代化とは、通時的な決定システムから共時的な決定システムへの転換であった。共時的な決定システムを完成させることにより、同時に現在世代の未来世代への犯罪をチェックするシステムを失った。しかし、地球環境問題は、通時的な決定システムを要求する。

　社会的に承認・定着した有効な決定システムに参加する集団と、その決定の影響を受け、利害関係を受ける集団との間に構造的なずれが生じると、新しい倫理問題が発生する。ずれとは、例えば、決定集団が現代世代（上記に合わせると現在世代—引用者注）で、利害集団が未来世代というずれである。

　このずれは、他者決定を排除し、自己決定に還元する生命倫理学が持つやり方によって、一致させることができる。自己決定の原理は、①自己の所有、②他者危害排除の原則、③愚行権、④対応能力（判断能力＋責任能力）、という４つの概念で組みたてられており、生命倫理学は、この原則をほとんど機械的に適用することで営まれている。

　しかし、環境倫理学の構想する世代間倫理には、自己決定の原理の否定が含まれている。

　（今後の—引用者注）問題は、地球環境問題を恒常的に処理する倫理的なシステムのなかで自由主義は生き残ることができるかどうか、ということになる。

③地球全体主義

　これは、地球の生態系は開いた宇宙ではなくて閉じた世界である、ということである。

　閉じた世界では、利用可能な物質とエネルギーの総量は有限である。そのなかで、生存可能性の保証に優先権がある。しかも、次の世代に選択の形だけを与えるのではなく、現実の選択（生存か—引用者注）可能性を保証しなくてはならない。すると、この原則を守る為に、他の価値を犠牲にしなければ

ならなくなる。ここに、配分の問題が出てくる。
　環境倫理学では、「命の選択は、選択という形式の中で未来世代の自由を否定する可能性がある」と指摘する。例えば、われわれが最後の石油の一滴を使いきってしまうなら、石油を使う文化によって生きることを未来の人に拒絶することになる。
　しかし、同時に、未来世代の生存を保証する為に同世代の人間の自由を否定する可能性もある。つまり、地球環境問題には、新しい全体主義の発生を促す可能性が秘められている。
　問題を倫理的に処理しようとするから、全体主義の危険を呼び込むので、倫理問題にせず技術問題として解決すべきだ、という意見が出てくる。
　何を目標とするかは倫理問題である。どの目標が到達可能であるかは技術問題である。技術は、一般に選択可能性の幅を広げる。倫理は、選択可能なもののなかから最善のものを選択する。技術が選択の幅を拡張すればするほど、倫理問題は多くなる。
　最も効果的で犠牲のすくない措置が、つねに技術的に可能であるとは限らない。措置の時には、最善ではない選択肢の間の倫理的選択が必要になる。
　地球規模での環境破壊にストップがかかり、人類が生存できる状態が長続きするようになる為には、人類がたくさんの扉を開いて前進しなくてはならない。扉の１つは、技術開発である。環境が保護されるような新しい技術がどんどん開発されないと、コストが大きくなっていく。扉の１つは、人口問題である。扉の１つは、南北問題である。
　問題のすべてが、技術的に解決がつくはずはない。どれほど技術開発が進んでも人間に可能なのは、最善ではない可能性の間の選択である。つまり、倫理的選択である。
以上が、加藤が整理する環境倫理学の３つの基本的な主張である。
　加藤は、上記の３つのそれぞれを掘り下げていくと、「われわれが民主主義だとか、個人主義だとか言っている決定システムに構造的な欠陥が存在する」と言う (p.1)。すなわち、これまでの決定システム自体を変えなければならな

いということになる。

　加藤は、環境問題を総括して、以下のように述べる。

　環境問題の帰結は、「人口、食料、エネルギー消費をコントロール」（p.203）することである。「環境問題の最終的な解決は、あらゆる社会が経済成長を持続しない限り安定しないという成長体質を脱却すること」（p.202）である。「エネルギーの総量規制というやさしそうで難しい課題」を「人類全体が納得できるかどうか」が問題（p.204）である。

　「地球を何の為に救わなければならないのか」「維持可能な地球を守るという義務はどこから発生するのか」に対する「最終的な解答は人間の同一性を守るためという自然主義的決定」（p.219）である。

(3)　地球環境問題と生涯学習

　地球環境問題を中心として、私たちの生涯教育・学習の方向を考えてみよう。

　地球環境問題に関して、加藤が言う「われわれが民主主義だとか、個人主義だとか言っている決定システムに構造的な欠陥が存在する」という指摘は、重要であろう。

　近代化・経済発展とその過程で、私たちがよしとしてしまった考え方・見方の中には、改めて考察すると、この先その延長は危険であるということが多々ある。地球環境問題が生じていることもその表われである。我々が、近代化・経済発展にそのまま乗っかった上での生涯教育・学習の推進をすると、バラ色の未来が訪れるとは必ずしも言えない。本来、生涯教育・学習により人間的に得なければならないものが多いはずであるのに、逆に上記の意味での生涯教育・学習により失っていることがあるということも起こりうる。

　今後、地球環境問題を始めとする大きな現実的問題に対して、私たちは賢明な思考・選択を進める必要が大きくなっていくと思われる。問題解決の為に、未来を志向した生涯学習が果たす役割も増大するであろう。

　　　　［注］
(1)　大西麗衣子（登録年月日：平成18年1月27日）「学習資源とネットワーク」、日本生涯教育学会『生涯学習研究e辞典』。
(2)　同上。

著者紹介

前田　寿紀（まえだ　ひさのり）

- 1960年　静岡県静岡市生まれ
- 1983年　筑波大学第二学群人間学類卒業
- 1987年　筑波大学大学院博士課程教育学研究科単位取得退学
　　　　（教育学修士）
- 1987年　金沢大学助手
- 現　在　淑徳大学総合福祉学部教授

著　書　『生涯学習の支援』（共著）実務教育出版、平成7年
　　　　『戦中・戦後甘藷増産史研究』学文社、平成18年

未来志向の生涯学習

2009年4月22日　初版第1刷発行
2020年2月20日　初版第3刷発行

著　者　前田寿紀
発行者　木村哲也

・定価はカバーに表示　　　　印刷　恵友社／製本　川島製本

発行所　株式会社　北樹出版

〒153-0061　東京都目黒区中目黒1-2-6　電話(03)3715-1525(代表)
　　　　　　　　　　　　　　　　　　FAX(03)5720-1488

©Hisanori Maeda 2009, Printed in Japan
ISBN978-4-7793-0173-5　（落丁・乱丁の場合はお取り替えします）